縫いやすくて、着心地のいい

ナチュラル素材の 大人服

成美堂出版

縫いやすくて、着心地のいい
ナチュラル素材の大人服

CONTENTS

素肌にさわやかな
ナチュラルウエア

デザイン… 月居良子

1

素肌に触れるものだから、生地の質感にはこだわりたい。麻のシャリ感を生かした、シンプルながらモードな印象のチュニックブラウス。さわやかな着心地の一枚です。

作り方… **50** ページ

2 涼しげなバンダナ柄が目を惹く
サマーコート。生地はソフトなシャ
リ感を持つ綿麻プリント。飾りを
いっさい省いたシンプルさと、か
んたん縫いが魅力です。

作り方...**51**ページ

詳しい縫い方
34
ページ

3

綿麻のキャンパスダンガリー
のコーディネート生地を使い、
トップは無地、ボトムはスト
ライプで仕立てたセットアップ。
飽きのこないプレーンさが魅力
のひとセット。

作り方...**52**ページ

4 　リネンシャンブレーの藍色を使用したワンピース。片裾を長くしたアシンメトリーのヘムラインがポイントです。共布でスカーフを作って、首元に巻いても素敵そう。

作り方...**53**ページ

5

やわらかな風合いの水彩画風
の麻プリントを使い、アシンメ
トリーヘムラインのブラウスと
ストールに。ストールは単独で、
ほかの服に合わせても素敵。

作り方...**54**ページ

6

フレンチリネンキャンパスの鮮やかなグリーンのパンツスーツ。リネンは生地質の豊富さと、発色のきれいさが魅力です。シンプルな服には明快なカラーがおしゃれでおすすめ。

作り方...**55**ページ

7　一枚は持っていたい麻の白いジャケット。小さめのショールカラーに打ち合い裾の丸いカーブ。さりげない優しさが添えられている、ブラウス感覚の着やすいジャケット。

作り方...**56**ページ

8

鮮やかなレモンイエローに惹かれるジャケット
は薄手の麻素材。両脇に通してあるひもを縮めて、
ヘムラインにニュアンスを添えて着こなせます。

作り方... **56**ページ

9

リバティ風の花プリントワンピースは、すっきりとしたVネックのAライン。袖口の袖山にほどこしたシャーリングのディテールでオリジナル感が増しています。

作り方…**57**ページ

10

袖山にギャザーを寄せたド
ロップショルダーがポイント
のワンピース。後ろスラッシュ
あきです。生地は光沢感が上
質な印象を与えてくれて縫い
やすい綿サテン。

作り方…**58**ページ

11

サラッとした肌ざわりが嬉
しい綿リップルプリントのブ
ラウス。えりつきのVネック
にギャザー切り替え袖という
細部にこだわったデザイン。

作り方...59ページ

詳しい縫い方
38
ページ

12

おしゃれなピュアホワイトのチュニック。フレンチリネンにジオメトリックレースを組み合わせて、清涼感とエレガントさを添えています。

作り方...**60**ページ

13

袖口フリルと裾にゴムテープを通してブラウジングさせて着た、ふんわりシルエットがキュートなブラウス。水彩画風の花プリントはソフトな張りを持つあら織りの綿麻です。

作り方...**60**ページ

≪ Back Style ≫

14

優しい肌ざわりが魅力のダブルガーゼのレイヤードブラウス。スカイブルーと表から透けて見えるチェックとのリバーシブル素材。後ろ中央のスリットあきがポイントです。

作り方...61ページ

15

素肌に心地いいダブルガーゼ
のワンピースは、デイリーウエ
アにおすすめのゆったりサイズ。
共布のスカーフは巻き方でいろ
いろな表情に変わります。

作り方...**62**ページ

16

綿麻の変わりドットプリント
が大人かわいい印象のオーバー
ブラウス。両脇の裾を長くした
ヘムラインでスタイリッシュな
味つけをしていますが、お好み
で普通のヘムラインでも。

作り方...**63**ページ

17

コットンジャカードニットのソフトジャケット。直線裁ちのかんたんドレープカラーと、優しげな色合いのニット地が全体をエレガントにまとめているデザイン。

作り方…**64**ページ

18

フレンチリネンストライプが
シャープなロングベスト。羽織
るだけでモードな雰囲気になる
おしゃれ感。大人カジュアルコ
ーデにおすすめです。

作り方... **64**ページ

19　裾フレアのキュートなシルエットに、さらに脇布を重ねている個性的なブラウス。優しげな花プリント地のソフトな張り感が、フレアラインをより美しく見せてくれます。

作り方...**65**ページ

20

マーガレットのシックなモ
ノトーンプリントを生かした
シンプルワンピース。手早く
優しく作れるおすすめの一枚
です。後ろファスナーあき。

作り方...**66**ページ

21

大きな水玉柄に惹かれる
生地は、素肌に心地よいソ
フトなガーゼプリント。あ
きなしで作れるかんたん縫
いのワンピースですが、存
在感たっぷりの一枚。

作り方...**66**ページ

22

薄手の綿シフォンで仕立
てたさわやかチュニック。
淡い色調のバンダナ柄も素
敵です。大人カジュアルの
デイリーウエアにおすすめ。

作り方... **67**ページ

お出かけ用に着こなし豊富な
アンサンブル

デザイン... 月居良子

《 着こなしVariation 》

23

　光沢感のあるしなやかなニット
地のアンサンブル。変わりボーダ
ー模様のジャケットは、優雅なフ
レアスリーブ、濃紺のワンピース
は、ローウエスト位置のギャザー
切り替えがポイントです。

作り方... **68** ページ

24

サッカー風のシャリ感が素肌に心地よい薄手の綿プリントで、ブラウス＋かんたんウエストゴムスカートのツーピースに。スカートはワンタックのソフトプリーツ入り。単品でも活躍する重宝なひとセットです。

作り方... **69** ページ

《 着こなしVariation 》

25

ラッセルレースの羽織りものに、ほどよい張りのある綿サテンのワンピースでブラックスーツに。異素材を組み合わせることでソフトな印象になります。春夏の冠婚葬祭用にも着られるセットアップ。

作り方... **70** ページ

《 着こなしVariation 》

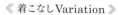

26

フリルをたっぷりあしらった
ラブリーブラウスに、プレーン
なロングジャケットのアンサン
ブル。フレンチリネンクロスの
夏らしい素材感と生成りのさわ
やかさが素敵な、着回し豊富な
ワンセット。

作り方... **72**ページ

上品でさわやかな
ハイミセスのおしゃれ服

デザイン…月居良子

27

窮屈なものは苦手、という
ハイミセスのお出かけ着にお
すすめのニット地のツーピー
ス。ベージュ×オフの変わり
チェックが上品な印象に仕上
げてくれます。トップはおしゃ
れTシャツとしても活躍。

作り方…**73**ページ

《 着こなしVariation 》

28

　優しげな花が描かれているふくれ織りジャカードのワンピースに、シックな花プリントニットのカーディガンジャケット。きちんとした雰囲気を持ちながら、おしゃれ過ぎない印象にセンスの良さが光ります。

作り方... **74** ページ

29

白地に黒糸の刺しゅうをほどこしたラッセルレースのオーバーブラウスに、黒のニットパンツのセットアップ。シンプルフォルムの着やすさと、シックなモノトーンのおしゃれ感が魅力です。

作り方… **75** ページ

≪ 着こなしVariation ≫

30

夏らしいサファリプリントのロングベストとプレーンスカートの組み合わせ。生地はソフトリネン。体型カバーにもなるベストはミセスの必需品でもあり、ロングたけというところが素敵です。

作り方... **76** ページ

《 着こなしVariation 》

ひとえ仕立てのサマーコート

■ 材料

- ・表布
- ・接着芯
- ・伸びどめテープ
- ・ボタン

ここでは、縫い目のわかりやすいデニム地を使って解説します。

■ 裁断

- ・実物大型紙には、縫い代がついていません。ここでは、あらかじめ型紙に縫い代をつける、縫い代つき型紙（48ページ参照）を使って裁断し、ポイント以外の印はつけない、かんたんな縫い方の方法で解説します。
- ・縫い代は、裁ち合わせ図を参照し、前端は見返しと芯として完全三つ折りにするので10cmつけます。えりぐり側はあら裁ちにしておきます。裾は3.5cm、袖口は3cm、前・後ろ見返し奥は裁ち切り、そのほかは1cmつけて裁断します。

■ ポイントの印つけ

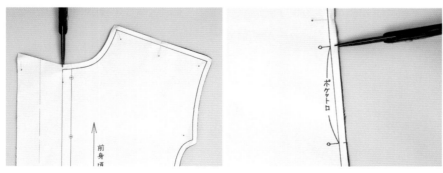

ノッチ

印をつけない縫い方の場合でも、中央やそれぞれの合印箇所、ポケット口には、写真のようなノッチ（切り込み・48ページ参照）で印を入れます。

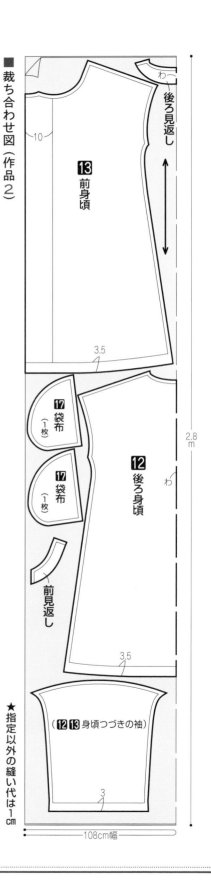

■ 裁ち合わせ図（作品2）

13 前身頃

後ろ見返し

10

3.5

17 袋布（1枚）

17 袋布（1枚）

前見返し

12 後ろ身頃

わ

3.5

（12 13 身頃つづきの袖）

3

★指定以外の縫い代は1cm

2.8m

108cm幅

1 接着芯を貼り、縫い代の始末をする

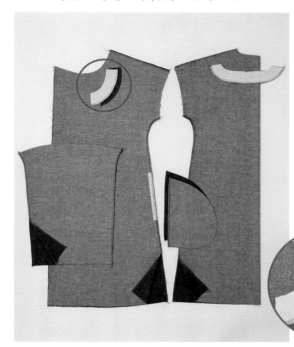

身頃のポケット口に伸びどめテープを貼ります。前・後ろ見返しに接着芯を貼ってから、見返し奥、脇、袖下、袋布のポケット口側に縁かがりミシンをかけて、縫い代の始末をします。

2 肩を縫い、えりぐりに見返しをつけて始末する

1 前端を5cm・5cmの完全三つ折りにアイロン定規を使って折ります。

2 あら裁ちしておいた、前端の余分な縫い代をえりぐりに沿ってカットします。

3 裾を3.5cm・2.5cmの三つ折りにアイロンで折っておきます。

4 身頃と見返しを中表に折り直して見返し裾を縫います。縫い代を写真のようにカットし、裾角もカットして表に返して仕上がりに整えます。

5 前、後ろ身頃を中表に合わせて肩を縫い、縫い代をアイロンで割ります。

6 前、後ろ見返しの肩を同様に縫い、縫い代を割ります。

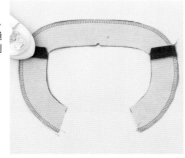

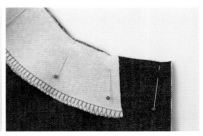

7 身頃のえりぐりに見返しを中表に合わせます。このとき、前端見返しを中表に折り直し（写真右）、えりぐり見返し端を上に重ねて仮どめします。

8 えりぐりを縫い合わせ、縫い代に約1cm間隔で切り込みを入れ、前端角の縫い代は三角形にカットします。

9 縫い代をいったん身頃側に片返して、アイロンで押さえます。

10 見返しと前端を表に返します。このとき前端角は目打ちを使って形よく引き出します。

11 アイロンで仕上がりに整えます。

11 見返しからはみ出した縫い代をカットします。

12 前端にステッチをかけるため、接着テープで仮どめします。

13 左右の前端見返し奥をそれぞれステッチで押さえたら、えりぐりをステッチで押さえます。

3 袖をつけ、脇を縫う

1 袖口の縫い代を仕上がりに折ってから、身頃に袖をつけ、縫い代は2枚一緒に縁かがりミシンをかけて身頃側に片返します。

2 前、後ろ身頃を中表に合わせ、ポケット口を残して袖下から脇をつづけて縫います。

3 縫い代をアイロンで割ります。

4 前身頃側のポケット口をステッチで押さえます。上下は3回とめミシンをかけます。

4 ポケットをつける

1 袋布のポケット口側以外の縫い代を内側に折り、つけ位置に仮どめするため、縫い代に接着テープをつけます。

2 後ろ脇の縫い代端に、袋布表の縫い代端を合わせてポケット口を縫います。

3 次に袋布の縫い代端を縫い押さえ（白い糸）、袋布回りを前身頃に仮どめます。

5 仕上げる

4 袋布回りを縫い押さえます。

5 表から見た、ポケットがついた状態。

1 裾の三つ折りをアイロンでもう一度整え、ステッチで押さえます。

2 袖口の三つ折りをステッチで押さえます。

3 えりぐり見返しの肩を、身頃の肩の縫い代にまつります。

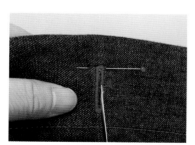

前身頃 →

4 前、後ろの打ち合いをぴったり合わせ、その上に身頃の型紙を重ねて、ボタンつけ位置を目打ちで印します。

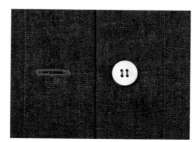

5 右身頃にボタン穴かがりをし、切り込み過ぎないようストッパー用に待ち針を打ち、中央を切り込みます。

6 左身頃にボタンをつけます。

完成！

えりつきのVあきブラウス

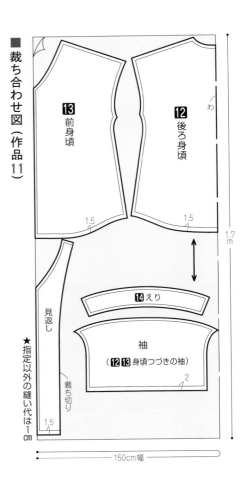

■ 裁ち合わせ図（作品11）

13 前身頃
12 後ろ身頃
わ
1.5
1.5
1.7m
見返し
14 えり
袖
（12 13 身頃つづきの袖）
★指定以外の縫い代は1cm
裁ち切り
1.5
2
──── 150cm幅 ────

■ 材料

- ・表布
- ・接着芯
- ・ボタン
- ・ゴムテープ

ここでは、縫い目のわかりやすいデニム地を使って解説します。

■ 裁 断

・実物大型紙には、縫い代がついていません。ここでは、あらかじめ型紙に縫い代をつける、縫い代つき型紙（48ページ参照）を使って裁断し、ポイント以外の印はつけない、かんたんな縫い方の方法で解説します。

・見返しは別裁ちにし、見返し奥は裁ち切り。そのほかの縫い代は、裁ち合わせ図を参照してそれぞれつけます。

■ ポイントの印つけ

ノッチ

印をつけない縫い方の場合でも、中央やえりつけどまり、ギャザーどまりなどのそれぞれの合印箇所には、写真のようなノッチ（切り込み・48ページ参照）で印を入れます。

1 接着芯を貼り、縫い代の始末をする

1
表えりと見返しに接着芯を貼ります。

2
見返し肩から奥に縁かがりミシンをかけて、縫い代の始末をしておきます。

2 肩を縫う

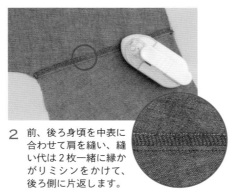

1 先に前、後ろ身頃の裾を仕上りの1.5・0.8cmの三つ折りに、アイロンで押さえておきます。
※このとき、アイロン定規（42ページ参照）を使うと便利。

2 前、後ろ身頃を中表に合わせて肩を縫い、縫い代は2枚一緒に縁かがりミシンをかけて、後ろ側に片返します。

3 えりを作る

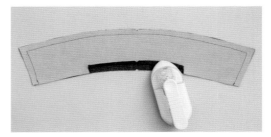

1 表、裏えりを中表に合わせてえり回りを縫います。表えりつけ側の肩位置の縫い代に切り込みを入れ、後ろえりぐりの縫い代を内側にアイロンで折っておきます。

2 縫い代をアイロンで表えり側に返します。

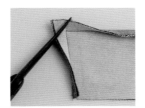

3 すっきり仕上げるため、えり先角の縫い代をカットします。

4 えりを表に返します。角は目打ちを使って形よく出します。

5 アイロンで整えます。

6 えり回りをステッチで押さえます。

4 身頃にえりをつける

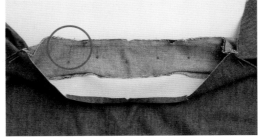

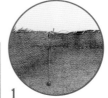

1 後ろ身頃と裏えりの後ろえりぐりを中表に合わせ、中央、肩位置をしっかり合わせて仮どめします。後ろえりぐりを縫い合わせますが、肩位置より1cmくらい長めに縫います。

2 前えりぐりの身頃とえりのえりつけどまりをしっかり合わせて、先に仕上り線よりやや内側を中縫いします。

3 身頃に見返しをえりをはさんで中表に合わせ、見返し裾から前端、肩位置までのえりぐりを、左右それぞれ縫い合わせます。

4 肩位置と後ろえりぐりの縫い代に約1cm間隔で切り込みを入れます。

5

縫い代を身頃側
にアイロンで片
返します。

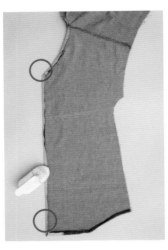

上端と裾の角の縫い
代をカットします。

6

前身頃裾の縫い代を写真
のようにカットし、見返
しを表に返してアイロン
で整えます。

7

切り込みを入れた
肩位置から、後ろ
えりぐりの縫い代
をえりの中に入れ
込みます。

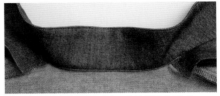

8 後ろえりぐりをステッチで押さえます。

9

肩位置から前裾ま
で、後ろえりぐり
のステッチにつづ
けて、見返し端を
ステッチで押さえ
ます。

10 見返し肩の縫い代を身頃の肩の縫い代に
縫いどめます。

---

5 袖をつける

1 先に袖口の縫い代を2・1cmの三つ折りに
アイロンで折っておきます。

2 袖山のギャザー位置の縫い代に、0.2・0.8
cm幅のギャザーよせミシンを、ミシンの
針目をあらくしてかけます。

3 身頃と袖山のギャザーどまり、肩線と袖山
中央をぴったり合わせ、袖ぐり寸法に合わ
せて袖山にギャザーをよせます。

4　袖ぐりを縫い合わせ、縫い代は2枚一緒に縁かがりミシンをかけて始末します。

5　縫い代を身頃側に片返し、ステッチで押さえます。

6　袖下から脇をつづけて縫う

袖下から脇を中表に合わせ、袖下の縫い代をゴム通し口に残すため切り込みを入れて折り、縫い合わせます。縫い代は2枚一緒に始末します。

7　裾、袖口を始末する

1　袖口も同様にステッチで押さえます。

2　裾の三つ折りをもう一度アイロンで整え、ステッチで押さえます。

8　仕上げる

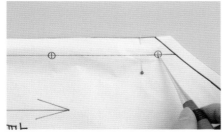

1　ボタン位置の印をつけます。左右の前端をぴったり重ね、その上に型紙を重ねてボタンつけ位置に目打ちで穴をあけて印します。

2　上前にボタン穴かがりをし、切り込みすぎないよう、とめ位置にストッパー用に待ち針を打ち、リッパーで穴をあけます。

3　下前にボタンをつけます。

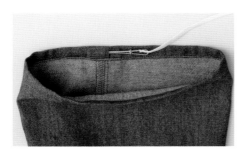

4　袖口にゴムテープを通します。

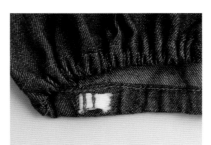

5　ゴムテープの両端を重ねて輪にし、しっかりと縫いとめます。

完成！

かんたんにきれいに仕上げるための縫い方ポイント

印をつけない縫い方に慣れる

製図した型紙に縫い代をつけた縫い代つき型紙を作っておくと便利です。縫い代つき型紙は、縫い代幅を目安に縫うので、でき上がり線を布地に写す必要がありません。縫い代幅の基本を1～1.5cmに決め、その1～1.5cmに縫い慣れること。ミシンに定規がついているものはそれを利用し、ないものはミシンの針板に直接印をつけたり、ボール紙で押さえを作って板に貼ると、正確に縫えるようになります。

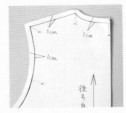
❶型紙に案内製図に表示の縫い代を定規を使ってつけた、縫い代つき型紙を作ります。

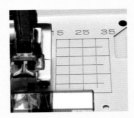
❷ミシンの針板に定規がついている場合は、その幅に合わせて1～1.5cmに縫います。

❸または縫い代幅にボール紙をあてて針板に貼り、そのラインに布の端を合わせて縫います。

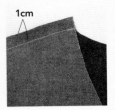
❹この方法なら、縫い代1～1.5cm幅が印なしでも正確に縫えます。ダーツやポケットつけ位置などは印をつけてください。

便利な道具を上手に使う

熱接着糸と接着テープ

●熱接着糸

アイロンスチームの熱で溶ける糸状の接着剤で、しつけ代わりに使います。ほとんど仕上がりの状態に仮接着できるので、ミシンもずれずにきれいにかけられます。バイヤステープ、裾上げなどの仮どめ、ポケットつけに利用すると便利です。

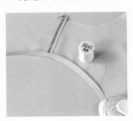
◀仮どめしたい部分の、布と布の間に接着糸をはさみ、アイロンをかけ、熱で溶かして仮接着します。

●両面接着テープ

仮どめしたい部分の布と布の間に接着テープをはさみ、アイロンをかけ、熱で溶かして仮接着します。

5mm幅
ファスナーつけのときの仮どめに便利。

10mm幅
スカートの裾上げのときの仮どめに便利。

アイロン定規

縫い代を折り上げるとき、アイロン定規があると正確に手早く折り上げられて便利です。6×15cmぐらいの大きさの厚紙の台紙に、折り代幅の線をサインペンなどで引きます。印がなくても折り代幅の線に合わせればよいので、均一な裾上げができ、バイヤス裁ちでも折り山を伸ばさずに、折り上げることができます。

▲6×15cmぐらいの厚紙に1cmから、0.5～1cm間隔で線を引きます。裾上げ幅3cmの三つ折りの場合なら、まず、アイロン定規の4cmに布端を合わせ、アイロン定規をずらしながら折り上げ、次に仕上がり3cmに合わせて、布端を1cm折り込みます。これは絶対便利！

目打ち

ソーイングプロの洋裁用具の中で必需品のひとつに入るのが目打ちです。えり先や裾などの角を出したり、細かな作業をするときに一般に使われる道具ですが、プロの作業の中では、ミシン縫い、印つけなど、いろいろなところで活躍しています。目打ちを上手に使えば、仕上がりもスピーディーできれいということになりそうです。

◀普通のミシンがけのとき、針目の手前の布の上に目打ちをあて、やや目打ちを押し気味に縫い進めます。両手で押さえると、布を引っぱりすぎたり、左右にずれたりすることがありますが、目打ちを使うと安定して縫え、針目も均等になります。

▶えり先や裾の角を表に返して引き出すときには必ず目打ちを使います。各々の角をきれいに縫い上げるには、まず、角の縫い代をカットし、表に返し、目打ちを使って、きちんときれいな角に。また、ポイントの印つけのとき、下の布まで通して穴をあけて印をするときにも便利です。

ダーツ先端は平らな部分と自然につなげたいため、ステッチも折り目の際まで縫い、先で落とします。
糸端を長めに切り、2本の糸をしっかり結んで仕上げます。結び方が弱いとほつれてきたり、表から糸が見えてしまうこともあります。
絹糸タイプは特にほつれやすいので注意してください。

❶ 2本の糸端を結びます。

❷ もう一度結んで、玉結びにします。

❸ さらに、2本の糸を一緒にひと結びにします。

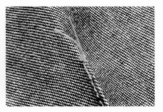

❹ 糸端を切ります。これでほつれないしっかりした結び方になります。

えりぐりから袖ぐりにつづく見返しのつけ方

ここではオールミシンがけで縫う見返し始末の方法を解説します。
かんたんな縫い方なので覚えておくと便利ですが、かぶって着るデザインですから身幅が狭いと着られないものや、
着るときに窮屈になることもあるので注意。ギャザー入りなどゆとりのあるものなら普通体型の方でしたら大丈夫です。
脱ぎ着をラクにしたい場合は、やはりファスナーあきのポイントを作るほうがよいでしょう。

❶ 身頃と見返しの肩をそれぞれ縫い、縫い代はアイロンで割ります。身頃と見返しを中表に合わせ、えりぐりを縫います。

❷ 見返しを表に返し、身頃を中央から中表に二つ折りにします。袖ぐりの合わせ方がポイントになるので、中央側を手前に、前身頃を左、後ろ身頃を右に写真と同じように置いてください。

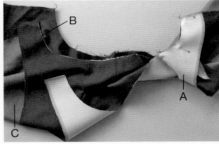

❸ この状態で、一番下に重なっている見返しの左袖ぐり側（A）を折り山から反対側に折り直し、身頃の左袖ぐり（B）と中表に合わせ、待ち針でとめます。このとき、右袖ぐり（C）を縫わないように、内側によけておきます。

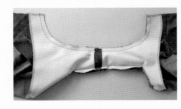

❹ 袖ぐりを縫います。

❺ 袖ぐりのカーブに約1cm間隔で切り込みを入れ、縫い代はアイロンで見返し側に片返します。

❻ 肩を引き出すようにして、表に返します。

❼ 左側の袖ぐりが縫えました。

❽ 右側も同じようにして、袖ぐリを合わせて縫い、表に返します。

❾ 前・後ろ身頃を中表に合わせ、見返しまでつづけて脇を縫います。

43

バイヤステープで縫い代の始末をする方法

ここでは、共布、または別布のバイヤステープを作り、袖ぐりの始末をする方法で解説します。

バイヤステープがかんたんに作れる道具です。バイヤスに裁った布を通し、アイロンで押さえれば、均一な寸法のテープが作れます。サイズは、比較的使う頻度の多い上記の12・18・25mmのほか、6mm・50mmもあります。

テープメーカー　製品／クロバー

25mm　18mm　12mm

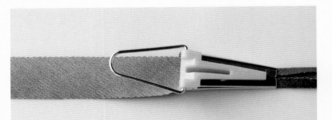

❶ 仕上がり1cm幅の共布のバイヤステープで始末する場合は、2.5cm幅の正バイヤスに布を裁ち、12mmのテープメーカーを使います。テープメーカーに布を通してずらしながら、アイロンで押さえていけば、中央がつき合わせの両折りのバイヤステープが作れます。

❷ バイヤステープの長さが足りない場合は、テープを直角に合わせて、はぎます。

❸ 縫い代を割り、幅からはみ出した余分を切り落とします。

❹ バイヤステープを身頃の袖ぐりに中表に合わせて、つけます。

❺ 袖ぐりにつけたテープ端を、脇の縫い代にぴったり合わせてカットします。ここがポイント。

❻ 脇を縫います。このとき、バイヤステープからつづけて縫います。写真のようにテープと脇の縫い代が直角になるような針目で縫います。ここもポイント。

❼ 脇の縫い代の、❻で直角に縫った三角形の中央に切り込みを入れます。

❽ 脇の縫い代を割り、バイヤステープを仕上がりに整え、はみ出たテープの縫い代をカットします。

❾ 袖ぐり下がすっきり始末できています。あとは、バイヤステープをステッチで押さえれば、でき上がり。

コンシールファスナーのきれいなつけ方

コンシールファスナーはすっきり仕上げたい場合に使います。また、前・後ろ・脇などあき位置が変わっても、つけ方は同じです。ここでは、きれいで正確につけられる方法を解説します。

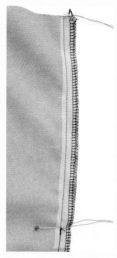

❶ はじめにファスナーあきの縫い代に伸びどめテープを貼り、ファスナーあき下を縫います。次にファスナーあきの仕上がり線に、仮どめ用のステッチを、後でほどきやすいようにミシンの針目をあらくしてかけます（赤い糸）。

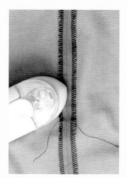

❷ 縫い代を割ります。

❸ コンシールファスナーは歯の際を縫ってつけますが、はじめは歯の部分が縫い代側に寝ています。縫いやすくするため、いったんアイロンで歯を開いておきます。

❹ ファスナーをつけ位置に仮どめします。仮どめ用に両面接着テープ（42ページ参照）を使うときれいにつけられます。ない場合は待ち針で可。

❺ ファスナーあきの中心にファスナーの歯の中心をぴったり合わせて仮どめします。

❻ ❶でかけた仮どめ用のステッチをほどきます。

❼ ミシンの押さえ金がスライダーにぶつからないよう、仮どめしたファスナーの下側をいったんはがして、スライダーを下に下ろします。

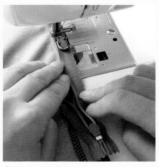

❽ ミシンの押さえ金をコンシールファスナー専用の押さえ金か、片押さえに替えて、片側ずつ縫います。ファスナーの歯の際に片押さえの端をぴったり合わせて、あきどまりまでの歯の際を縫います。

❾ 両側を縫ったら、下に下ろしたスライダーを上に上げます。

❿ 表側をアイロンで整えます。

⓫ ファスナーの縫い代端を本体の縫い代端に縫い合わせます。

⓬ ファスナー下のとめ金具をあきどまり位置に合わせて上げ、ペンチで固定します。

スラッシュポケットのつけ方

❶ 前・後ろ袋布を中表に合わせ、袋布回りを縫い、縫い代は2枚一緒に始末します。

❷ 前身頃のポケットの縫い代に、前袋布1枚の縫い代を中表に合わせてポケット口を縫います。

❸ 前袋布1枚のポケット口の上下の縫い代に切り込みを入れます。

❹ 縫い代を1度割ります。

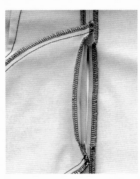

❺ 袋布を前側に倒し、ポケット口を仕上がりに折り、アイロンで押さえます。切り込みが開き、縫い代がきれいに割れています。

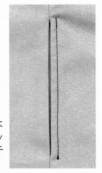

❻ 後ろ袋布をよけて、前ポケット口にステッチをかけます。

❼ 後ろ身頃と後ろ袋布のポケット口を縫います（Aの赤い糸）。次に後ろ袋布の縫い代端を❷と同様に縫い押さえます（Bの白い糸）。

❽ ポケット口を整え、ポケット口の上下に3回とめミシンをかけます。

前スラッシュあきの縫い方

❶ 見返しは中央をわに裁ち、接着芯を貼ってから、もう一度型紙をあて、あきをチャコで印します。

❷ 前・後ろ見返しの肩を縫い合わせ、縫い代は割ります。

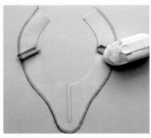

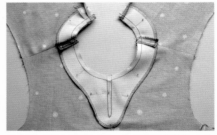

❸ 身頃の肩も同様に縫い、身頃と見返しを中表にして、えりぐりを縫います。※えりをつける場合は、まずあき部分だけ先に縫います。

❹ スラッシュあきに切り込みを入れ、えりぐりの縫い代にも1cm間隔で切り込みを入れます。縫い代は身頃側に片返し、アイロンで押さえます。

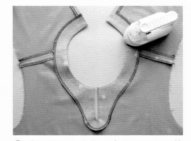

❺ 表に返し、もう一度アイロンで仕上がりに整えます。

❻ 後ろファスナーあきの場合は、ここで後ろ身頃のファスナー下を縫い合わせてから、ファスナーをつけます。仕上がりに整え、えりぐり、スラッシュあきをステッチで押さえて完成。

とじ込み付録　実物大型紙の使い方

実物大型紙の選び方

まず、作りたい作品の作り方ページを開いてください。そのページに、使用型紙番号と使用線、ステッチ幅などの説明図と材料、作り方要点がのっています。使用型紙の番号がわかったら、その番号の実物大型紙を製図用紙などに写して使います。❶サイズ線を選びます。S＝7号、M＝9号、L＝11号、LL＝13号のほか13、15、17号サイズ。ブラウスなど身頃のパターンは胸囲（バスト寸法）を基準に、スカート、パンツのパターンはヒップ寸法を基準にしてサイズを選びます。❷デザイン線を選びます。着たけや、えりぐり、袖ぐりがいくつかの線になっています。作り方ページの説明図に、えりぐりA、裾Aなど使用線が記入してあるので、説明図にしたがってデザイン線を選びます。

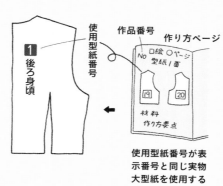

使用型紙番号が表示番号と同じ実物大型紙を使用する

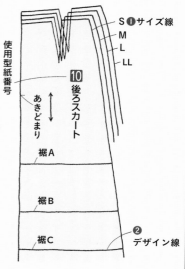

★型紙を写すとき、サイズ線、デザイン線とも、選んだ線に赤鉛筆などでマークすると、たいへんわかりやすくなります。

型紙の写し方

使用する実物大型紙の線を選んだら、その線を製図用紙に写して使います。でき上り線、ダーツ、ポケット位置、あきどまり、合印を写して、前身頃、袖などの名称や、布目線を記入します。机の上に厚紙をのせて、ルレットなどで傷がつかないようにしましょう。見返しを裁ち出す場合や、縫い代つきにする場合は、製図用紙の余白を残して型紙を写します。

透ける製図用紙の場合

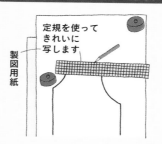

実物大型紙の上に製図用紙をのせ、2枚の紙が動かないように、ウエイトなどで固定させて、鉛筆でかき写します。

透けない製図用紙の場合

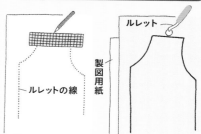

製図用紙の上に実物大型紙をのせ、ルレットで線をなぞってから型紙をはずして、鉛筆で線をかき直します。

裁ち出し見返しの場合

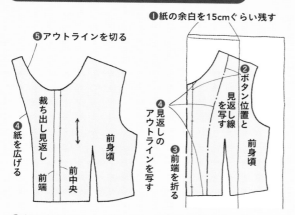

❶ 紙の余白を15cmぐらい残して前身頃の型紙を写します。
❷ ボタンの位置、見返し線を入れます。
❸ 残した余白の前端を折ります。
❹ 見返しのアウトラインを写します。写した見返しを広げます。
❺ 型紙のでき上り線（アウトライン）通りに切り抜きます。

別裁ち見返しの場合

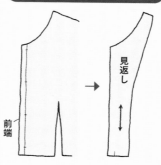

別紙に見返しのアウトラインを写して切りとり、見返しの型紙を作ります。

ボタン位置

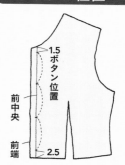

まず、えりぐり側から1.5cm、裾側から2.5cmの位置に印をします。残った寸法を間に入るボタンの数にプラス1して等分にします（間に2個つけるなら3で割る）。

■ 縫い代のつけ方ポイント

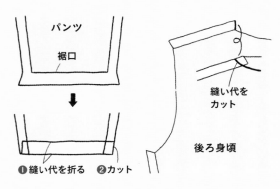

パンツ
裾口

↓

❶縫い代を折る ❷カット

袖口や、パンツの裾は、縫い代を折ってから袖下や股下を切ります。

縫い代をカット

後ろ身頃

えりぐりや、袖ぐりを縁どりにする場合は、縫い代を折ってから、えりぐり、袖ぐり線を切ります。

■ 縫い代つき型紙の作り方

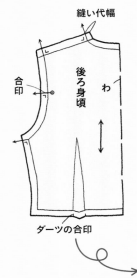

縫い代幅

合印

後ろ身頃

わ

ダーツの合印

●写し終えた実物大型紙に縫い代をつけて、縫い代つき型紙を作っておくと便利です。布を裁断するときに間違えずに、無駄なく裁ち合わせができます。
●本誌の縫い方教室では、縫い代を正確につけて型紙を作り、でき上がり線の印をつけずに裁断し、縫い合わせるかんたんな方法で解説しています。あきや折り返しなど別にした部分の縫い代幅を、目安になりやすい1cm（手持ちのミシンの押さえ金の幅でも合わせやすい）にすれば、印なしでもぴったり縫い合わせられます（裁断と印つけは下段参照）。この方法に慣れれば、かなり手早く仕上がります。縫い慣れてなくて、ちょっと心配という初心者の方は、でき上がり線を写す方法でもよいでしょう。縫い代幅はプロセスページの裁ち合わせ図を参照してください。

ダーツ分をたたんでカット

縫い代線を切ってパターンを作りますが、ダーツ分はたたんでカットします。ダーツ位置や前中央、前端などを縫い代端に矢印のように移して、合印をつけます。

■ 裁断と印つけ

裁 断

　まず、大きな机か床などの広いスペースに布を広げます。プロセスページの裁ち合わせ図を参考にして、大きな型紙から置いてみてください。布が、大きな格子やプリントの柄に方向があるときは、柄合わせや一方向に型紙を置いて裁つので、用尺が変わる場合もあるので注意してください。

　次に裁断をします。実物大型紙には縫い代がついていないので、縫い代をつけて裁ちます。布目を通して布を中表に二つ折りにたたみます。型紙を待ち針でとめ、回りに縫い代分を印してから、縫い代つき型紙の場合は、型紙に沿って裁ちばさみで切ります。大きな型紙から裁断していきます。このとき、机や床を傷つけないよう注意してください。

裁断の順序

●布を中表に二つ折にし、布目を通してたたみます。定規で同寸を測りながら、折り山とみみを待ち針でとめます。
●型紙のわを、布の折り山に合わせて型紙をのせて、待ち針でとめます。待ち針を後ろ中央から脇に向けて、順にとめていきます。
●型紙の回りに縫い代をつけます。（縫い代つき型紙の場合は必要ありません）
●縫い代の線を裁ちばさみで切ります。次のパターンも同様に。

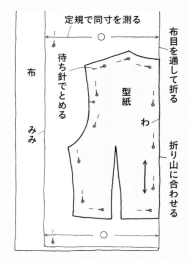

定規で同寸を測る

布　みみ

待ち針でとめる

型紙

わ

布目を通して折る

折り山に合わせる

縫い代つき型紙の裁断と印つけ

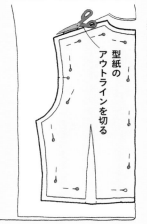

型紙のアウトラインを切る

　型紙を待ち針でとめてから、型紙のアウトラインの縫い代線を切ります。でき上がり線の印はつけませんが、前後中央、合印などに下図のノッチをつけます。また、ダーツなどは両面チャコペーパーなどで印をつけます。まだ縫い慣れてなくて心配、という方はでき上がり線に印をつけてください。

● ノッチ（切り込み）

　印をつけないで縫うかんたんな方法の場合でも、ポイントの印は必要です。中央線やそれぞれの合印箇所に0.3cmほどの切り込みを入れ、その印を合印にして縫い合わせます。

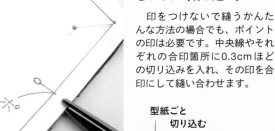

型紙ごと切り込む

0.3

How to Make
作品の作り方

- 各作品の案内製図内に型紙の使用番号を表示しています。
  その番号のパターンをとじ込み付録の実物大型紙１～４面から
  選んで使用してください。型紙の使い方は47ページにあります。

- 紹介作品の胸ダーツ入りのパターン２種は、S・M・L・LLの
  ４サイズ展開。つづき袖のパターンは、S・M・L・13・15・
  17号サイズの６サイズ展開になります。サイズ別ヌード寸法
  の目安は、78ページを参照してください。

- スカートとパンツについては、囲み製図の案内になります。

1 型紙 1・2面

材料

フレンチリネンキャンバスワッシャー
＝126cm幅で2m

でき上がり寸法

着たけ86cm

作り方要点

●身頃の型紙は前中央から
タック分を出します。袖切り
替え線で袖を切り替え、袖
口B線から17cm延長し、前、
後ろの肩線を突き合せて1枚
に裁ちます。●肩を縫い、え
りぐりを共布のバイヤステー
プで始末します。●前中央の
タックをたたみ、えりぐりの
ステッチ線に合わせて、左身
頃側にステッチで縫いとめま
す。●身頃と袖を縫い合わせ、
袖下から脇をつづけて縫いま
す。●袖口、裾を三つ折りに
して、ステッチで押さえます。

1 オーバーブラウス

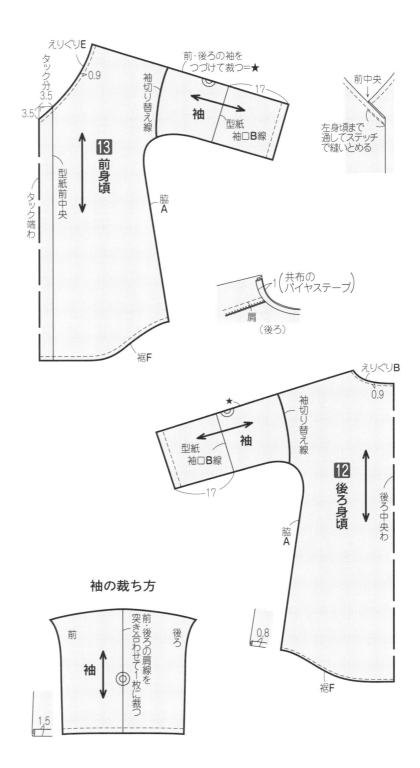

2 型紙1・2面

材料

リネン混綿プリント
＝108cm幅で2.8m
接着芯＝60×20cm
（見返し、ポケット口分）
ボタン＝2cmを6個

でき上がり寸法

着たけ103cm

作り方要点

● 身頃の型紙は裾B線から36cm延長して使用します。前身頃は前端から見返しと芯になる分10cmを裁ち出します。袖切り替え線で袖を切り替え、袖口B線から26cm延長し、前、後ろの肩線を突き合わせて1枚に裁ちます。

● 詳しい縫い方は、34ページからの縫い方教室を参照してください。

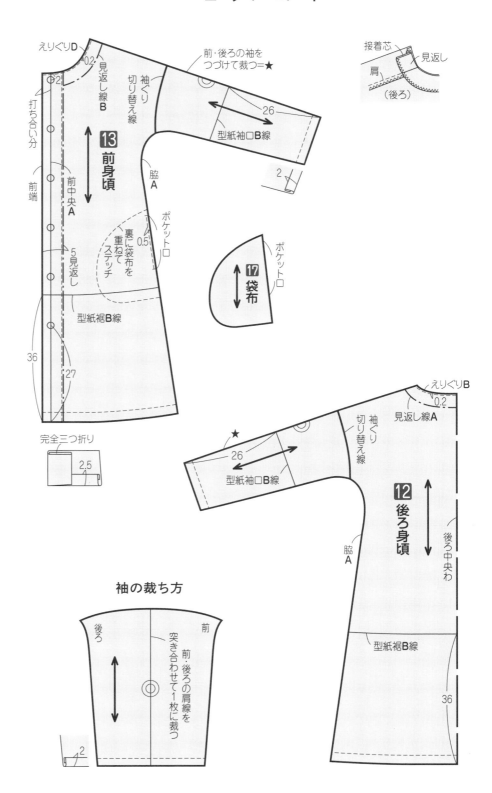

えりぐりD

0.2
2
打ち合い分
前端
前中央A
5見返し
36
27

見返し線B
袖ぐり切り替え線
13 前身頃
脇A
ポケット口
0.5
裏に袋布を重ねてステッチ
型紙裾B線

完全三つ折り
2.5

前・後ろの袖をつづけて裁つ＝★
袖ぐり切り替え線
26
型紙袖口B線
2

接着芯
見返し
肩
（後ろ）

ポケット口
17 袋布

えりぐりB
0.2
見返し線A
袖ぐり切り替え線
★
26
型紙袖口B線
12 後ろ身頃
脇A
後ろ中央わ
型紙裾B線
36

袖の裁ち方

後ろ
前
前・後ろの肩線を突き合わせて1枚に裁つ
2

3 ブラウス

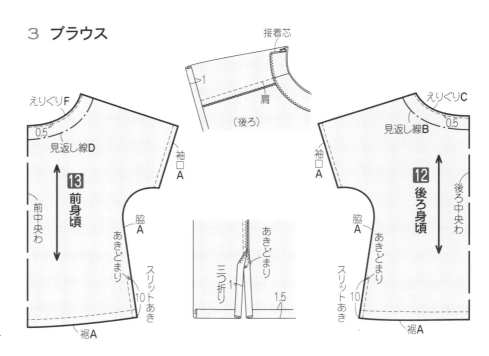

えりぐりF
0.5
見返し線D
前中央わ
13 前身頃
袖口A
脇A
あきどまり
スリットあき
10
裾A

接着芯
肩
（後ろ）

三つ折り
1
1.5

えりぐりC
0.5
見返し線B
袖口A
後ろ中央わ
12 後ろ身頃
脇A
あきどまり
スリットあき
10
裾A

3 型紙1・2面（ブラウス）

材料

ブラウスに綿麻キャンバスダンガリー
＝110cm幅で1.6m
パンツに綿麻キャンバスダンガリー
＝110cm幅で2.2m
接着芯＝40×25cm
（ブラウスの見返し、）
（パンツポケット口分）
ゴムテープ＝2cm幅を
S・M＝70cm、L・13＝80cm、
15・17＝90cm

でき上がり寸法

ブラウス　着たけ59cm

作り方要点

ブラウス●身頃と見返しの肩をそれぞれ縫い、中表に合わせてえりぐりを縫います。●袖下から脇をあきどまりまで縫い、袖口、裾、スリットあきを始末します。

パンツ●ポケットの袋布以外は指定寸法通り製図します。●ポケット口を残して脇を縫い、ポケットを作ります。●前後の股上をそれぞれ縫い、左右の股下をつづけて縫います。●ウエストベルトの左脇をゴム通し口を残して縫います。●ウエストにベルトを縫い合わせ、ゴムテープを通します。

3 パンツの製図

★製図内の数字は順に
S・M・L・13・15・17号サイズです

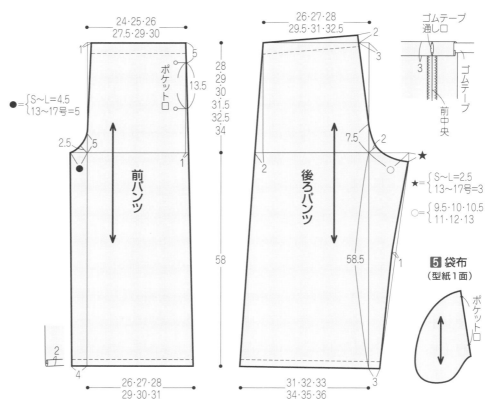

24・25・26
27.5・29・30

26・27・28
29.5・31・32.5

ゴムテープ
通し口

ゴムテープ
3
前中央

1
5
ポケット口
13.5

●＝{ S〜L＝4.5
　　13〜17号＝5

2.5
5
1

前パンツ

28
29
30
31.5
32.5
34

2
3

7.5
2
★

★＝{ S〜L＝2.5
　　13〜17号＝3
○＝{ 9.5・10・10.5
　　11・12・13

2
後ろパンツ

58.5
1

58

5 袋布
（型紙1面）

ポケット口

2
4

26・27・28
29・30・31

31・32・33
34・35・36

3

4 型紙1・2面

材料

フレンチリネンシャンブレー
＝144cm幅で2.6m

でき上がり寸法

着たけ103cm
（後ろ中央でのたけ）

作り方要点

●前・後ろ身頃の型紙は右身頃は脇Aで裾は裾Gから18cm延長します。左身頃は脇Bで裾は中央を重ねて裾C線から中央側は35cm、脇は42cm延長し、裾C線と平行に結びます。●前身頃にポケットをつけます。●肩を縫い、えりぐりを共布のバイヤステープで始末します。●脇を縫い、袖口、裾を三つ折りにしてステッチで押さえます。

4 ワンピース

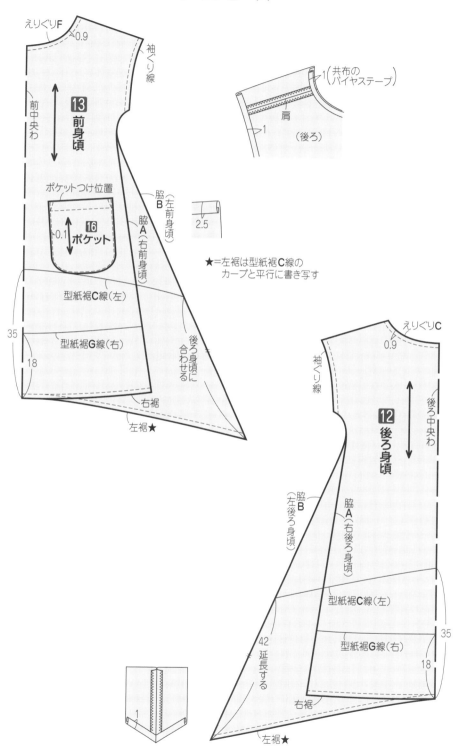

えりぐりF
0.9
袖ぐり線
前中央わ
13 前身頃
ポケットつけ位置
0.1
16 ポケット
脇B（左前身頃）
脇A（右前身頃）
後ろ身頃に合わせる
型紙裾C線（左）
型紙裾G線（右）
35
18
左裾★
右裾

1（共布のバイヤステープ）
肩
（後ろ）
1
2.5

★＝左裾は型紙裾C線のカーブと平行に書き写す

えりぐりC
0.9
袖ぐり線
後ろ中央わ
12 後ろ身頃
脇B（左後ろ身頃）
脇A（右後ろ身頃）
型紙裾C線（左）
型紙裾G線（右）
35
42 延長する
18
右裾
左裾★

1

5 オーバーブラウスとストール

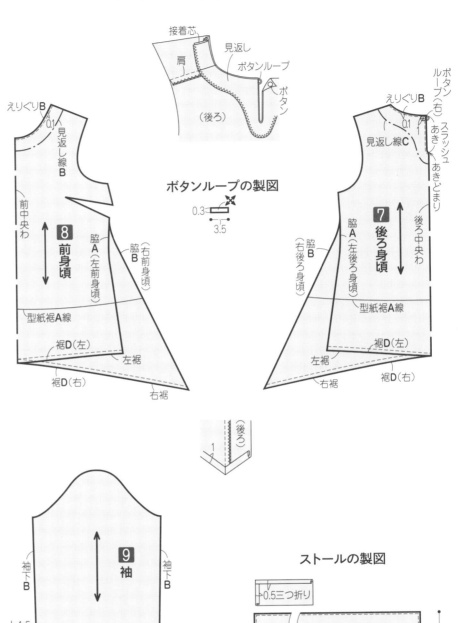

5 型紙3・2面

材料

リネンガーゼ
＝110cm幅で2.3m
接着芯＝60×25cm
　　　（見返し分）
ボタン＝1.5cmを1個

でき上がり寸法

着たけ 67cm

作り方要点

●身頃の型紙は、左身頃は脇A線と裾D（左）線、右身頃は脇B線と裾D（右）線を使用し、それぞれ延長して交差位置までつなげて使用します。●胸ダーツを縫い、身頃と見返しの肩をそれぞれ縫います。●身頃と見返しを中表に合わせ、ボタンループをはさんでえりぐり、スラッシュあきを縫います（46ページ参照）。●脇、袖下を縫い、身頃に袖をつけます。●袖口、裾を三つ折りにしてステッチで押さえます。
ストール●身頃を裁断した残りの幅で裁ち、回りを三つ折りステッチで押さえます。

接着芯　見返し　肩　ボタンループ　ボタン　（後ろ）

ボタンループの製図

0.3　3.5

（後ろ）　1

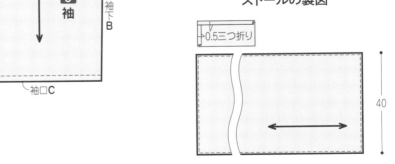

ストールの製図

0.5三つ折り

40

160

6 型紙3・2面（サマーコート）

材料

フレンチリネンキャンバス
　＝130cm幅で3.5m
接着芯＝30×10cm（見返し分）
ゴムテープ＝2cm幅を
　S・M＝70cm、L・13号＝80cm

でき上がり寸法

サマーコート　着たけ94.5cm

作り方要点

サマーコート●胸ダーツを縫い、後ろえりぐりに見返しをつけます。●脇を縫い、裾と前端を三つ折りにしてステッチで押さえます。●後ろ身頃と見返しを中表に合わせてえりぐりを縫います。●前、後ろ身頃を中表に合わせて肩を縫います。●後ろ見返しを仕上がりに整え、肩の縫い代に縫いとめます。●袖下を縫って身頃に袖をつけます。●袖口を三つ折りにしてステッチで押さえます。
パンツ●指定寸法通り製図します。●脇、股下を縫います。●前ウエストにゴムテープ通し口を残して股上を縫います。●ウエスト、裾を三つ折りにしてステッチで押さえ、ウエストにゴムテープを通します。

6 サマーコート

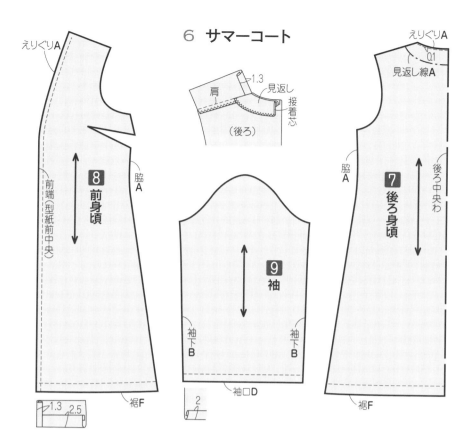

6 パンツの製図

★製図内の数字は順に
S・M・L・13・15・17号サイズです

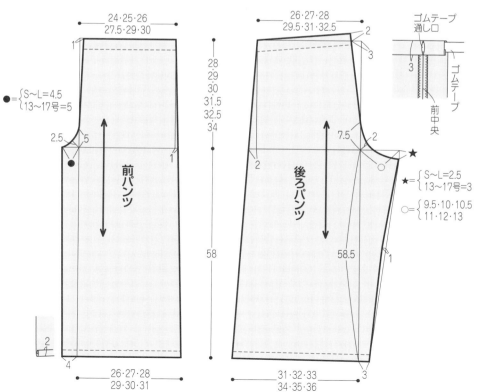

7 型紙 4・2面

材 料

フレンチリネンキャンバスワッシャー
＝126cm幅で1.6m
接着芯＝60×15cm（表えり分）
ボタン＝1.5cmを6個

でき上がり寸法

着たけ 59cm

作り方要点

●胸ダーツを縫い、肩を縫います。
●前端裾を中縫いし、前端を仕上りに整えます。●えりを作って、裏えり、表えりの順に身頃につけます。●脇、袖下を縫い、身頃に袖をつけます。●袖口、裾を三つ折りに始末します。

7 ジャケット

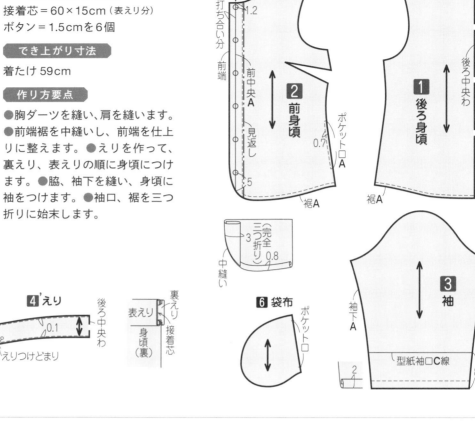

8 型紙 4面

材 料

フレンチリネンキャンバスワッシャー
＝126cm幅で1.6m

でき上がり寸法

着たけ 65cm

作り方要点

●身頃の型紙はえり回り線を使用し、前中央線を前端に使用します。●胸ダーツを縫い、裾を三つ折りにして始末します。●肩、脇を縫い、脇の縫い代を割ってひも通しのステッチをかけます。●ひもを作って脇に通し、ひもつけどまり位置にステッチで縫いとめます。●袖下を縫い、身頃に袖をつけます。●えり回りから前裾までを三つ折りにしてステッチで押さえます。●袖口を始末します。

8 ジャケット

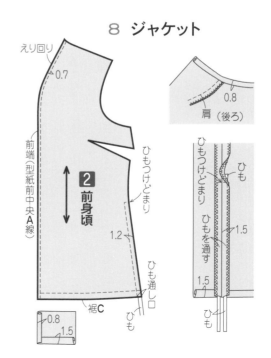

材料

綿サテン小花柄プリント
= 110cm幅で 2.7m
接着芯 = 60 × 30cm
（見返し分）

でき上がり寸法

着たけ 103.5cm

作り方要点

●身頃の型紙は裾F線から9cm延長して使用します。●胸ダーツを縫い、身頃と見返しの肩をそれぞれ縫います。●身頃と見返しを中表に合わせてえりぐりを縫います。見返しを表に返して、ステッチで押さえます。●脇を縫います。●袖下を縫い、袖口を三つ折りに始末して、袖中央にギャザーをよせて、身頃に袖をつけます。●裾を三つ折りにしてステッチで押さえます。

9 型紙 3・2面

9 ワンピース

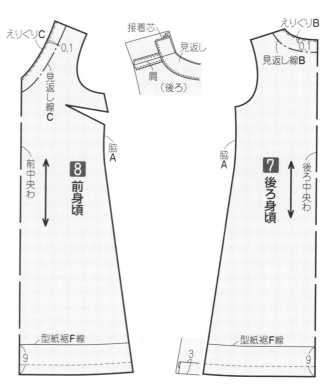

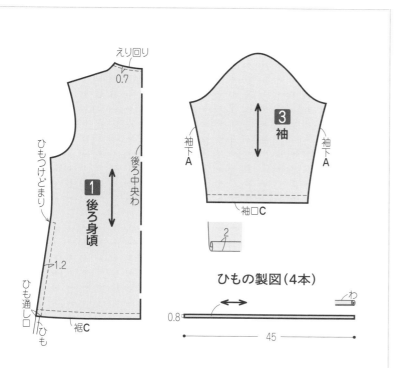

結びひもの
製図

ひもの製図（4本）

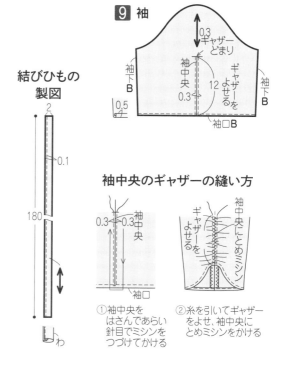

袖中央のギャザーの縫い方

①袖中央をはさんであらい針目でミシンをつづけてかける

②糸を引いてギャザーをよせ、袖中央にとめミシンをかける

10 型紙1・2面

材料

綿サテン花柄プリント
＝110cm幅を
　S・M・L・13号＝2.9m、
　15・17号＝3.1m
接着芯＝60×20cm
　（見返し分）
ゴムテープ＝2cm幅を
　S・M・L＝60cm、
　13・15・17号＝65cm（袖口分）

でき上がり寸法

着たけ103cm

作り方要点

●身頃の型紙は裾B線から36cm
延長して使用します。袖切り替え
線で袖を切り替え、袖口B線から
17cm延長し、前、後ろの切り開
き線の中央にギャザー分を加えて
1枚に裁ちます。●身頃と見返し
の肩をそれぞれ縫い、ボタンルー
プを作ります。●身頃と見返し
を中表に合わせ、ボタンループを
はさんでえりぐり、スラッシュあ
きを縫い、表に返しステッチで押
さえます（46ページ参照）。●袖
山にギャザーをよせ、身頃に袖を
つけます。●袖下から脇を中表に
合わせ、袖口の縫い代にゴム通し
口を残して縫います。●袖口、裾
を三つ折りにしてステッチで押さ
え、袖口にゴムテープを通します。

10　ワンピース

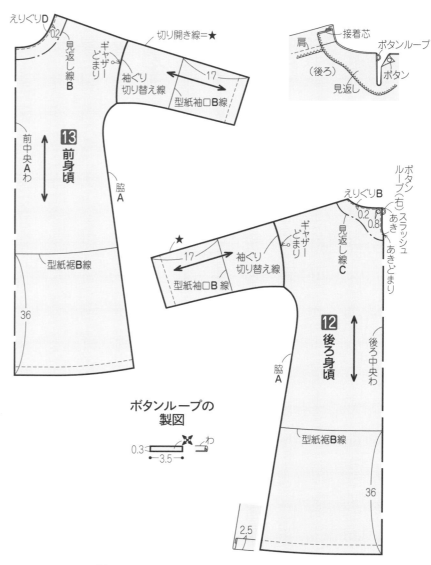

ボタンループの製図

袖の切り開き図

前・後ろの袖をつづけて裁つ

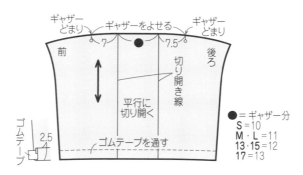

●＝ギャザー分
S＝10
M・L＝11
13・15＝12
17＝13

11 型紙1・2面

材料

リップル天竺ニット
= 150cm幅で1.7m
接着芯 = 75×85cm
（見返し、表えり分）
ゴムテープ = 0.8cm幅を
S～L＝60cm、
13～17＝70cm
ボタン = 1.5cmを6個

でき上がり寸法

着たけ75cm

作り方要点

●身頃の型紙は袖切り替え線で袖を切り替え、袖口B線から10cm延長し、肩線から前、後ろともギャザー分5cmを加えて1枚に裁ちます。●身頃と見返しの肩をそれぞれ縫い、中表に合わせてえりつけどまりから前裾まで縫い、表に返します。●えりを作って身頃に裏えりをつけ、表えりを仕上がりに整えてステッチで押さえます。●袖山にギャザーをよせて身頃に袖をつけ、袖下から脇をつづけて縫います。●袖口、裾を三つ折りに始末して、袖口にゴムテープを通します。

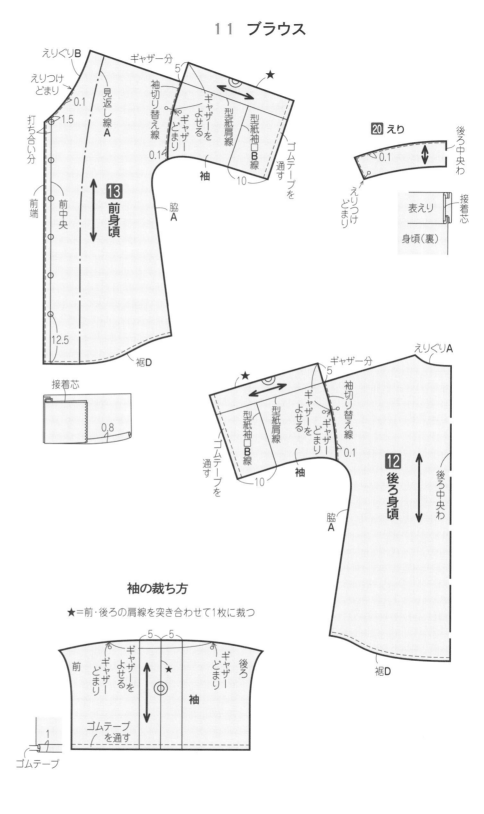

20 えり

袖の裁ち方

★＝前・後ろの肩線を突き合わせて1枚に裁つ

12 型紙1・2面

材料

A布にフレンチリネン
　＝144cm幅で1.7m
B布にジオメトリックレース
　＝110cm幅で0.6m
接着芯＝60×30cm（見返し分）

でき上がり寸法

着たけ89cm

作り方要点

●身頃の型紙は裾B線から22cm延長し、指定寸法の位置に裾布の切り替えを入れて使用します。袖切り替え線で袖を切り替え、表示どおりに1枚に裁ちます。●身頃と裾布を縫い合わせ、縫い代を身頃側に倒してステッチで押さえます。●袖ぐりと袖を縫い合わせ、縫い代を身頃側に倒してステッチで押さえ、身頃につけます。●袖下から裾までつづけて縫います。●袖口、裾を三つ折りにしてステッチで押さえます。

12 チュニック

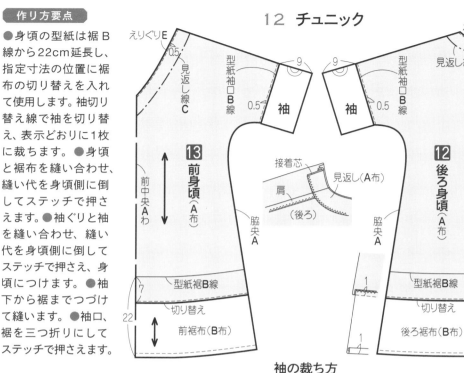

袖の裁ち方

前・後ろの肩線を突き合わせて1枚に裁つ

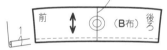

13 型紙1・2面

材料

綿麻プリント
　＝108cm幅で1.8m
接着芯＝35×35cm（見返し分）
ゴムテープ＝0.8cm幅を
　S・M＝90cm、L・13＝100cm
　15・17＝110cm

でき上がり寸法

着たけ59cm

作り方要点

●袖口フリルは製図します。●身頃と見返しの肩をそれぞれ縫い、中表に合わせてえりぐりを縫います。●袖口フリルにギャザーをよせて袖口につけます。●フリル端から袖下、脇をつづけて縫います。●フリル端を三つ折りにしてステッチで押さえます。●裾の縫い代を折ってステッチで押さえ、ゴムテープを通します。

13 ブラウス

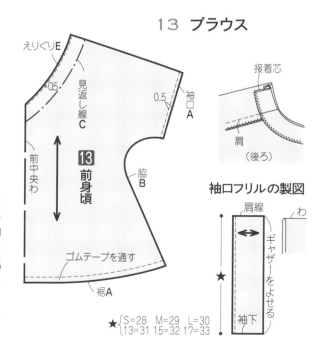

袖口フリルの製図

★{S=28　M=29　L=30
{13=31　15=32　17=33

材料

先染ダブルガーゼ
　＝109cm幅で2.1m
ボタン＝1.3cmを1個

でき上り寸法

着たけ 59cm

作り方要点

●胸ダーツを縫い、後ろ中央をあきどまりから縫いどまりまで中縫いします。●スリットあきにループをはさみ、後ろ中央の縫い代を三つ折りにしてステッチで押さえます。●肩を縫い、えりぐりを共布のバイヤステープで始末します。●脇、袖下を縫い、身頃に袖をつけます。●袖口、裾を三つ折りに始末します。

14 型紙4面

14 ブラウス

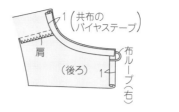

ボタンループ
の製図（1本）

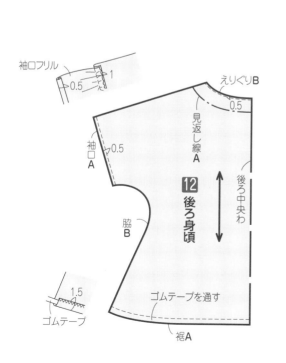

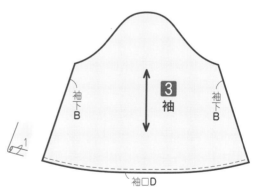

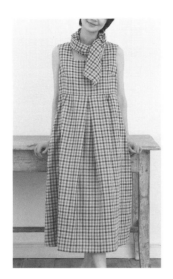

15 型紙4面

材料

先染ダブルガーゼ
　＝190cm幅で3.2m
接着芯＝90×40cm
（見返し、ポケット口分）

でき上がり寸法

着たけ121cm

作り方要点

●身頃の型紙は切り替えを入れ、裾D線から29cm延長し、後ろ中央からギャザー分、前中央Aからタック分とギャザー分を出します。●胸ダーツを縫います。●ヨークと見返しの肩、脇をそれぞれ縫い、中表に合わせてえりぐり、袖ぐりを縫います（43ページ参照）。●身頃の脇をポケット口を残して縫い、ポケットを作ります（46ページ参照）。●身頃にギャザーをよせて、ヨークと縫い合わせます。●裾を三つ折りにしてステッチで押さえます。

15　ワンピース・ストール

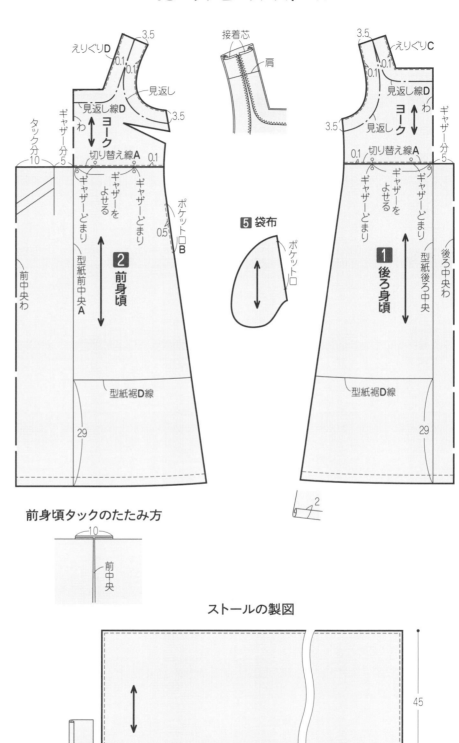

前身頃タックのたたみ方

ストールの製図

16 型紙 1・2面

材 料

綿麻ドットプリント
＝110cm幅で
S〜13＝2.2m、
15・17＝2.3m

接着芯
＝10×60cm（表えり分）

でき上がり寸法

着たけ 68cm

作り方要点

●身頃の型紙は、ヨーク切り替えにし、前、後ろの中央からそれぞれギャザー分を出します。袖切り替え線で袖を切り替え、袖口B線から17cm延長し、前、後ろの肩線を突き合わせて1枚に裁ちます。
●ヨークの前端を三つ折りにしてステッチで押さえます。●身頃にギャザーをよせて、ヨークと縫い合わせます。●肩を縫い、えりを作って身頃につけます。●身頃に袖をつけ、袖下から脇をつづけて縫います。●袖口、裾を始末します。

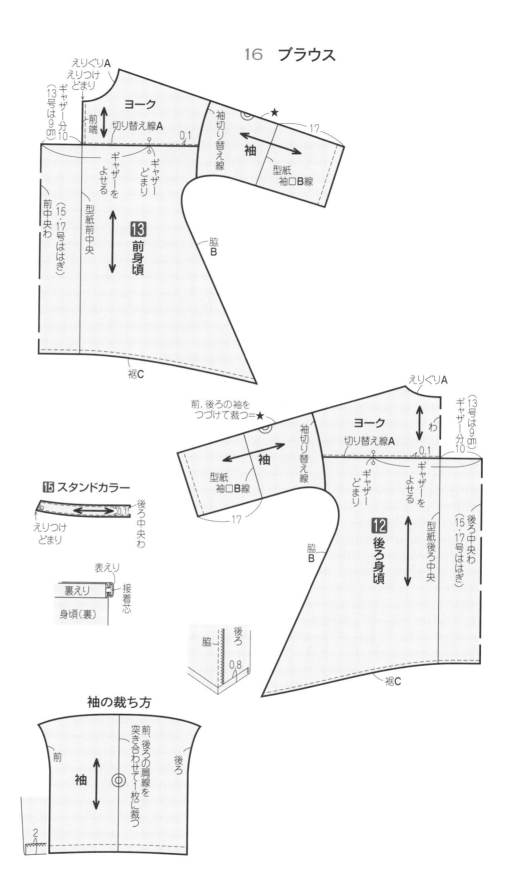

16 ブラウス

15 スタンドカラー

袖の裁ち方

17 型紙 3・2面

［材料］

ジャカード綿ニット
　＝135cm幅で1.6m
伸びどめテープ
　＝1cm幅を40cm（肩線分）

［でき上がり寸法］

着たけ 65.5cm

［作り方要点］

●身頃の型紙はえり端、裾を前中央から22cm延長して使用します。●胸ダーツを縫い、脇を縫います。●えり端、前端、裾を仕上がりに折ってジグザグミシン・ステッチで始末します。●肩を縫い、袖下を縫って身頃に袖をつけます。●袖口を仕上がりに折ってジグザグミシン・ステッチで始末します。

17 ジャケット

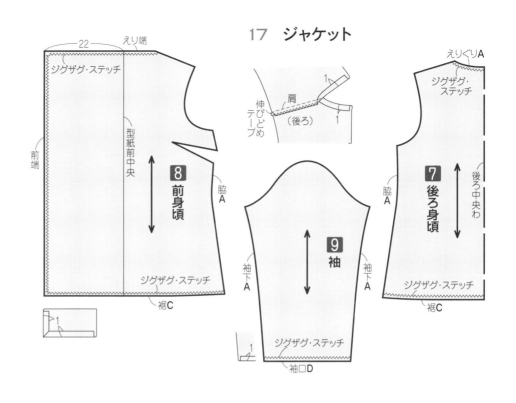

18 ロングベスト

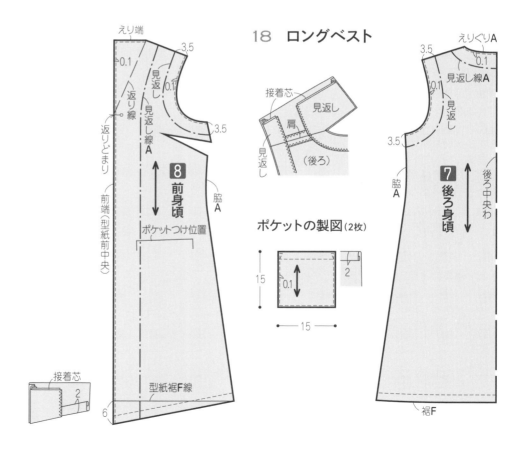

ポケットの製図（2枚）

19 型紙3・2面

材料
綿サテン花柄プリント
　＝ 110cm幅で1.9m
接着芯
　＝ 60×30cm（見返し分）

でき上がり寸法
着たけ 59.5cm

作り方要点
●型紙は表示の通りに使います。胸ダーツを縫い、身頃と見返しの肩をそれぞれ縫い、えりぐりに見返しをつけて始末します。●脇布の裾を三つ折りに始末します。●身頃の脇を縫い、脇布を重ねてステッチで押さえます。●袖下を縫い、身頃に袖をつけ、袖口、裾を始末します。

19　ブラウス

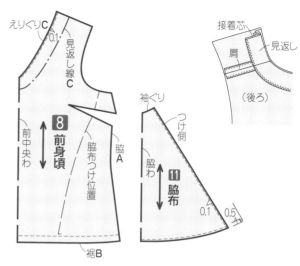

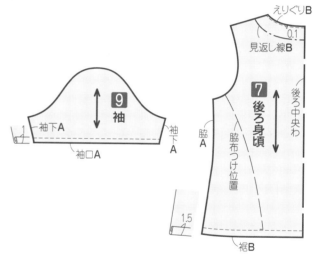

脇布のつけ方

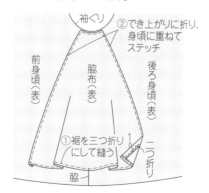

18 型紙3面

作り方要点
●前身頃の型紙は型紙前中央を前端に使用し、前端のみ裾F線から6cm延長して脇とつなぎます。●胸ダーツを縫い、ポケットをつけます。●身頃と見返しの肩、脇をそれぞれ縫います。●身頃と見返しを中表に合わせ、見返し裾から前端、えりぐりをつづけて縫い、表に返します。●裾を三つ折りにしてステッチで押さえます。

材料
フレンチリネンストライプ
　＝ 138cm幅で2.1m
接着芯 ＝ 50×110cm（見返し分）

でき上がり寸法
着たけ 94.5cm

20 型紙4面

材料

ピケプリント
　＝112cm幅で2.3m
接着芯＝40×30cm
　（見返し、ポケット口分）
コンシールファスナー
　＝40cmを1本
かぎホック＝1組

でき上がり寸法

着たけ 103cm

作り方要点

●前身頃の胸ダーツを縫います。●後ろ中央をあきどまりから裾まで縫います。●身頃と見返しの肩をそれぞれ縫い、後ろあきにコンシールファスナーをつけ、中表に合わせてえりぐりを縫います。●ポケット口を残して脇を縫い、ポケットを作ります。●袖下を縫って身頃に袖をつけます。●袖口、裾を三つ折りにしてステッチで押さえます。

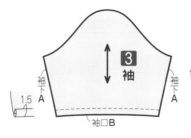

20 ワンピース

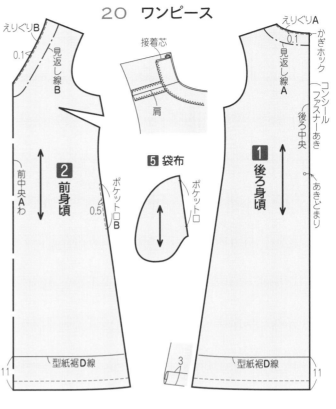

21 型紙1・2面

材料

ガーゼ水玉プリント
　＝105cm幅で2.6m
接着芯
　＝60×30cm（見返し分）

でき上がり寸法

着たけ 103cm

作り方要点

●身頃の型紙は、裾B線から36cm延長して使用します。●前、後ろ身頃と見返しの肩をそれぞれ縫い、中表に合わせてえりぐりを縫います。見返しを表に返してえりぐりをステッチで押さえます。●袖下から脇をつづけて縫います。●袖口、裾を三つ折りにしてステッチで押さえます。

21 ワンピース

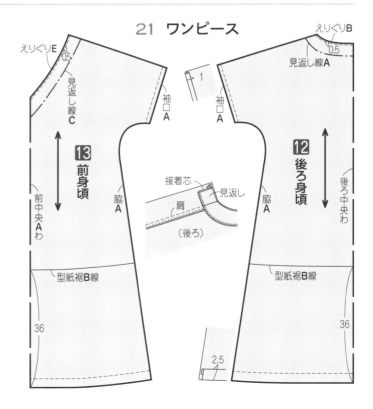

22 型紙 1・2面

材料

綿シフォンプリント
　＝108cm幅で2.9m
接着芯
　＝10×15cm（見返し分）

でき上がり寸法

着たけ89cm

作り方要点

●身頃の型紙は、裾B線から22cm延長し、後ろ身頃は中央からギャザー分を出します。袖は中央でギャザー分を切り開きます。●えりぐりと袖口は縁どり始末なので、縫い代をつけずに裁ちます。●前中央に見返しを中表に合わせてスラッシュあきを縫います。中央に切り込みを入れて見返しを表に返し、ステッチで押さえます。●肩を縫い、えりぐりにギャザーをよせて縁どり始末にします。●袖山にギャザーをよせて身頃に袖をつけ、袖下から脇をつづけて縫います。●袖口にギャザーをよせて縁どり始末にします。●裾を三つ折りにしてステッチで押さえます。

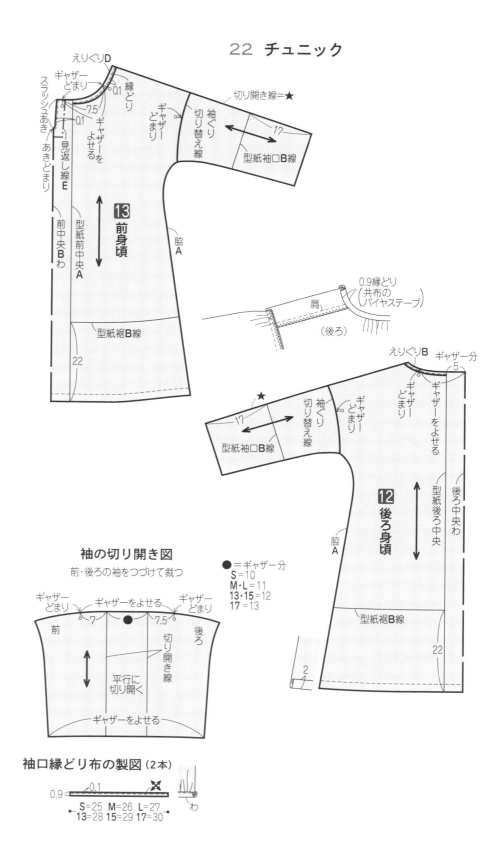

22 チュニック

えりぐりD
ギャザーどまり
スラッシュあき
あきどまり
縁どり
0.1
7.5
0.1
ギャザーをよせる
見返し線E
前中央Bわ
型紙前中央A
前中央Bわ
ギャザーどまり
ギャザーどまり
袖ぐり
切り替え線
切り開き線＝★
17
型紙袖口B線
脇A
13 前身頃
型紙裾B線
22

0.9縁どり
（共布のバイヤステープ）
肩
（後ろ）

袖の切り開き図
前・後ろの袖をつづけて裁つ

ギャザーどまり
ギャザーをよせる
ギャザーどまり
前
7
7.5
後ろ
平行に切り開く
切り開き線
ギャザーをよせる

●＝ギャザー分
S＝10
M・L＝11
13・15＝12
17＝13

えりぐりB
ギャザー分
5
ギャザーどまり
ギャザーどまり
ギャザーをよせる
袖ぐり
切り替え線
型紙後ろ中央
後ろ中央わ
★
17
型紙袖口B線
脇A
12 後ろ身頃
型紙裾B線
22
2

袖口縁どり布の製図（2本）
0.9
0.1
わ
S＝25　M＝26　L＝27
13＝28　15＝29　17＝30

23 型紙 3・2面

材料

ジャケットにリップル加工綿ニット
　＝120cm幅で1.5m
ワンピースにシルケット綿スムース
　＝150cm幅で2.3m
接着芯＝70×25cm
　（ワンピース見返し、切り替え位置分）
伸びどめテープ
　＝1.5cm幅を30cm
ボタン＝1.5cmを1個

でき上がり寸法

ジャケット　着たけ51.5cm
ワンピース　着たけ103.5cm

作り方要点

ワンピース●身頃の型紙は裾E線から24cm延長し、切り替えを入れます。脇布は脇でギャザー分を出して裾を指定寸法延ばし、裾線のカーブを描き直します。●胸ダーツを縫い、身頃と見返しの肩をそれぞれ縫います。●身頃と見返しを中表に合わせ、ボタンループを作ってはさみ、えりぐり、スラッシュあきを縫います。●身頃の切り替え位置の角に補強のための接着芯を貼り、脇を縫います。●前、後ろ脇布の脇を縫い、ギャザーをよせて身頃と縫い合わせます。●袖下を縫って身頃に袖をつけ、袖口、裾を仕上がりに折り、ステッチで押さえます。

ジャケット●身頃の前端は、型紙の前中央線を使用します。●ニット地のため、糸は伸縮性のあるニット用を使って縫います。●伸びどめテープを肩の縫い目にかかるようにして貼ります。●胸ダーツを縫い、肩を縫います。●身頃に袖をつけ、袖下から脇をつづけて縫います。●袖口、裾、前端からえりぐりを二つ折りにし、縫い代端をまたぐようにしてジグザグミシン・ステッチで押さえます。

23　ワンピース

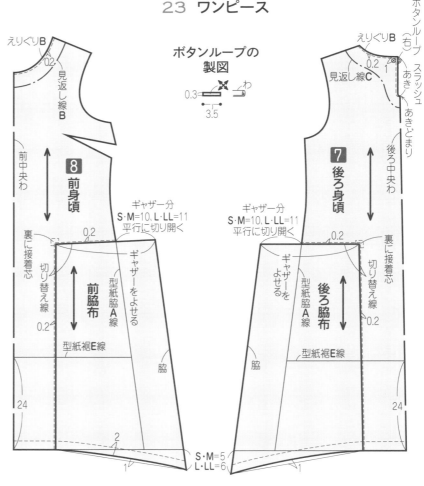

ボタンループの製図

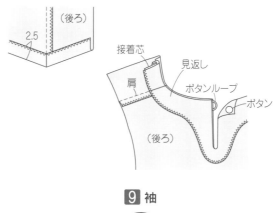

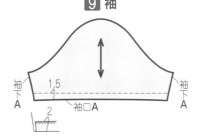

9 袖

23 ジャケット

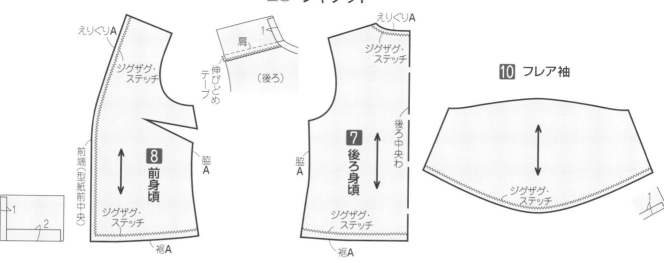

えりぐりA
ジグザグ・ステッチ
肩 1
(後ろ)
伸びどめテープ
前端（型紙前中央）
1 2
8 前身頃
ジグザグ・ステッチ
脇A
裾A

えりぐりA
ジグザグ・ステッチ
脇A
7 後ろ身頃
後ろ中央わ
ジグザグ・ステッチ
裾A

10 フレア袖
ジグザグ・ステッチ
1

24 型紙3・2面
（ブラウス）

材料
リップル綿プリント
　＝123cm 幅で 3.1m
接着芯＝40×30cm
　（見返し分）
ゴムテープ＝2cm 幅を
　S・M＝70cm、
　L・LL＝80cm
ボタン＝1.3cm を 1 個

でき上がり寸法
ブラウス　着たけ 59.5cm
スカート　たけ 72cm

作り方要点
ブラウス●胸ダーツを縫い、身頃と見返しの肩をそれぞれ縫います。●身頃と見返しを中表に合わせ、ボタンループを作ってはさみ、えりぐり、スラッシュあきを縫います。表に返して回りをステッチで押さえます（46ページ参照）。●脇、袖下を縫い、身頃に袖をつけます。●袖口、裾を三つ折りにしてステッチで押さえます。
スカート●指定寸法どおり製図します。●左脇にゴム通し口を残して脇を縫います。●タックをたたんでアイロンで整え、ウエスト、裾を三つ折りにしてステッチで押さえます。●ウエストにゴムテープを通します。

★スカートの製図は
　70ページにあります

24 ブラウス

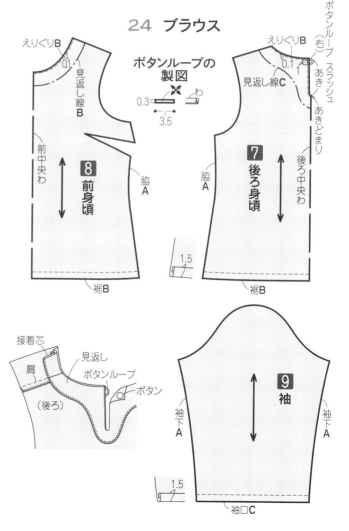

えりぐりB
0.1
見返し線B
前中央わ
8 前身頃
脇A
裾B

ボタンループの製図
0.3
3.5
わ

ボタンループ スラッシュ（右）
あきどまり
あき
えりぐりB
0.1 1
見返し線C
脇A
7 後ろ身頃
後ろ中央わ
1.5
裾B

接着芯
肩
(後ろ)
見返し
ボタンループ
ボタン

9 袖
袖下A
袖下A
1.5
袖口C

69

24 スカートの製図

タックのたたみ方

★製図内の数字は、順に S・M・L・LLサイズです

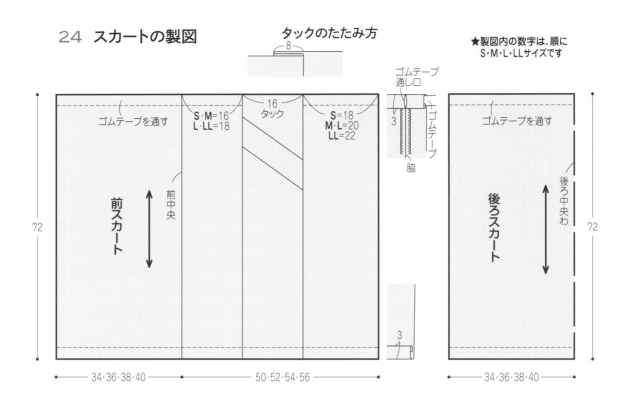

72

ゴムテープを通す

前中央

前スカート

S・M=16
L・LL=18

16
タック

S=18
M・L=20
LL=22

ゴムテープ通し口

3

ゴムテープ

脇

3

72

ゴムテープを通す

後ろ中央わ

後ろスカート

34・36・38・40

50・52・54・56

34・36・38・40

---

25 ワンピース

25 型紙 1・2面

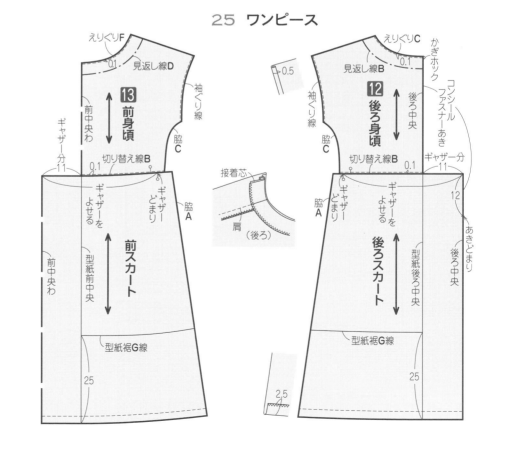

えりぐりF

見返し線D

0.1

13 前身頃

袖くり線

前中央わ

脇 C

切り替え線B

0.1

ギャザー分 11

ギャザーをよせる

ギャザーどまり

脇 A

前スカート

前中央わ

型紙前中央

型紙裾G線

25

えりぐりC

0.1

かぎホック

見返し線B

12 後ろ身頃

袖くり線

脇 C

後ろ中央

コンシールファスナーあき

切り替え線B

0.1

ギャザー分 11

ギャザーをよせる

ギャザーどまり

脇 A

12

あきどまり

後ろスカート

後ろ中央

型紙後ろ中央

型紙裾G線

25

0.5

接着芯

肩（後ろ）

2.5

材料

- ジャケットにラッセルレース
  ＝105cm幅で1.8m
- ワンピースに綿サテン
  ＝112cm幅で2.4m
- 接着芯＝40×25cm
  （ワンピースの見返し分）
- コンシールファスナー
  ＝45cmを1本
- 別布のバイヤステープ
  ＝1.2cm幅を70cm（えりぐり分）
- かぎホック＝1組

でき上がり寸法

- ジャケット　着たけ68cm
- ワンピース　着たけ110cm

作り方要点

ワンピース●身頃の型紙は切り替えを入れ、身頃の脇はCを、スカートは脇Aを使用し、前、後ろ中央からそれぞれギャザー分を出し、裾はG線から25cm延長して使用します。●身頃と見返しの肩をそれぞれ縫い、中表に合わせてえりぐりを縫います。●脇を縫い、袖口を三つ折りに始末します。●スカートの後ろ中央をあきどまりから裾まで縫い、脇を縫います。●スカートにギャザーをよせて身頃と縫い合わせます。●後ろあきファスナーをつけ、裾を折ってステッチで押さえます。

ジャケット●身頃の型紙は切り替えを入れ、後ろ身頃は中央で、前は切り替え線でギャザー分を出します。袖切り替え線で袖を切り替え、前、後ろの肩線を突き合せて1枚に裁ちます。●身頃にギャザーをよせてヨークを縫い合わせます。●肩を縫い、えりぐりを別布のバイヤステープで始末します。●身頃に袖をつけ、袖下から脇を縫い、袖口を三つ折りにしてステッチで押さえます。●裾、前端を三つ折りにしてステッチで押さえます。

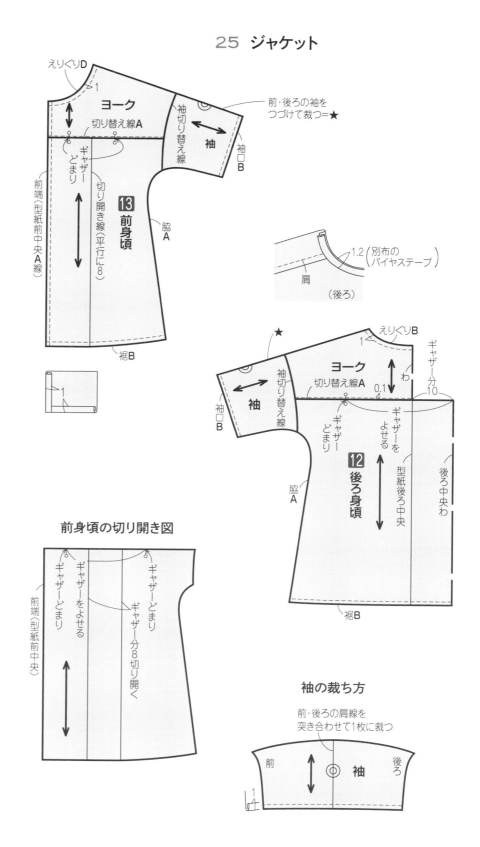

前身頃の切り開き図

袖の裁ち方

26 型紙1・2面

材料

フレンチリネンクロス
　＝144cm幅で3.2m
接着芯＝60×30cm（見返し分）

でき上がり寸法

ブラウス　着たけ 66.5cm
ロングジャケット　着たけ 89cm

作り方要点

ロングジャケット●身頃の型紙は裾B線から22cm延長し、袖ぐりと脇線を指定寸法どおり修正し、袖ぐり幅を広げます。前身頃は型紙前中央Aを前端にし、えりぐりCとつなげて使用します。●袖の型紙は袖山と袖下を指定寸法どおり修正して使用します。●前身頃にポケットをつけます。●前端からえりぐりを三つ折りにしてステッチで押さえ、身頃の肩を縫います。●えりぐりと見返しを中表に合わせ、後ろえりぐりの仕上がり線を縫います。表に返して見返し肩側の縫い代を仕上がりに折り、肩の縫い代にまつります。●後ろえりぐりにステッチをかけます。●身頃に袖をつけ袖下から脇をつづけて縫います。●袖口、裾を三つ折りにしてステッチで押さえます。

ブラウス●前身頃のフリルは製図し、バイアス地で裁ち切りにします。●身頃と見返しの肩をそれぞれ縫い、身頃と見返しを中表に合わせてえりぐりを縫います。見返しを表に返してステッチで押さえます。●フリル4本にギャザーをよせて前身頃につけます。●袖ぐりに袖フリルをつけて、袖下から脇を縫い合わせます。●袖口、裾を三つ折りにしてステッチで押さえます。

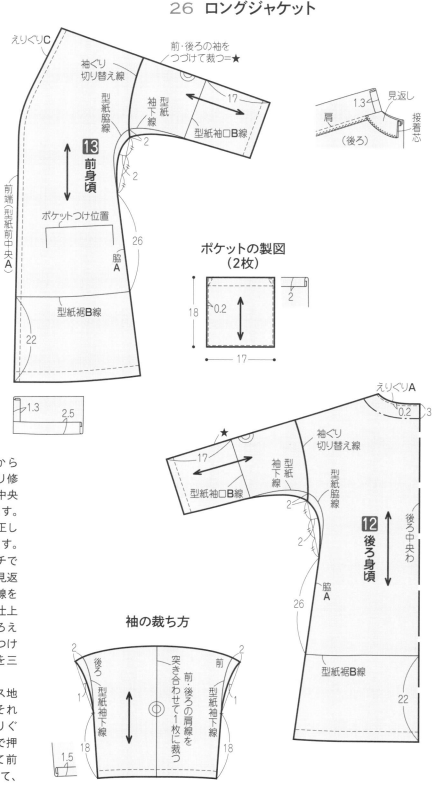

えりぐりC
袖ぐり切り替え線
前・後ろの袖をつづけて裁つ＝★
17
見返し
1.3
肩
（後ろ）
接着芯

型紙脇線
袖下線
型紙
袖ぐり切り替え線
型紙袖口B線
2
2
26
脇A

13 前身頃
前端（型紙前中央A）
ポケットつけ位置
型紙裾B線
22
1.3　2.5

ポケットの製図（2枚）
0.2
18
2
17

★
17
型紙袖口B線
型紙袖下線
袖ぐり切り替え線
型紙脇線
えりぐりA
0.2　3
2
2
前・後ろの肩線を突き合わせて1枚に裁つ

12 後ろ身頃
後ろ中央わ
脇A
26
型紙裾B線
22

袖の裁ち方
2　2
後ろ　前
型紙袖下線　型紙袖下線
1　1
18　18
1.5

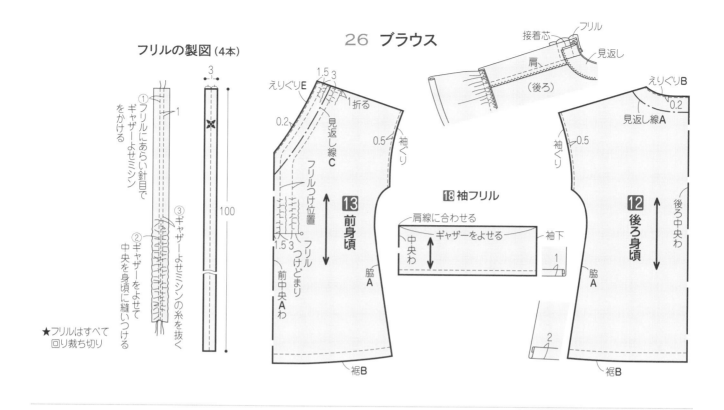

フリルの製図（4本）

① フリルにあらい針目でギャザーよせミシンをかける

② ギャザーよせミシンをよせて中央を身頃に縫いつける

③ ギャザーよせミシンの糸を抜く

★フリルはすべて回り裁ち切り

26 ブラウス

接着芯　フリル　見返し

肩、　（後ろ）

えりぐりE　1.5　3　1 折る

0.2

見返し線C

0.5　袖ぐり

フリルつけ位置

13 前身頃

1.5　3　フリルつけどまり

前中央Aわ

脇A

裾B

18 袖フリル

肩線に合わせる

中央わ　ギャザーをよせる　袖下

1

えりぐりB　0.2

見返し線A

0.5

袖ぐり

12 後ろ身頃

後ろ中央わ

脇A

2

裾B

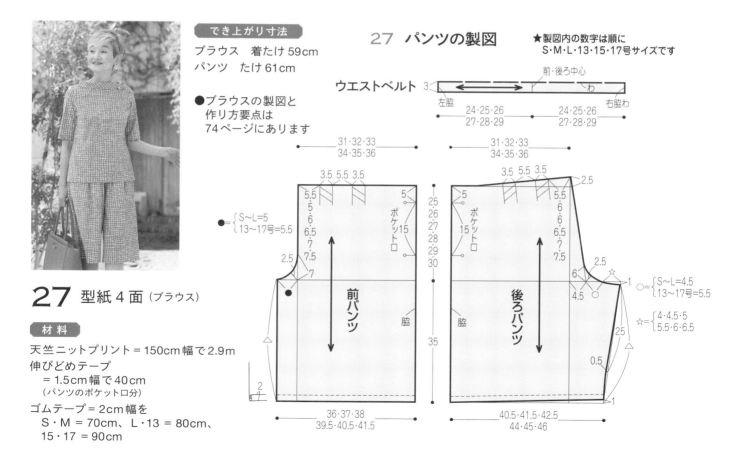

でき上がり寸法

ブラウス　着たけ 59cm

パンツ　たけ 61cm

●ブラウスの製図と作り方要点は74ページにあります

27 パンツの製図

★製図内の数字は順にS・M・L・13・15・17号サイズです

ウエストベルト　3

前・後ろ中心

左脇　24・25・26　27・28・29　わ　24・25・26　27・28・29　右脇わ

31・32・33　34・35・36

3.5　5.5　3.5

5.5　5・6　6.5　7.5

●{S～L=5 / 13～17号=5.5

2.5　7

5　ポケット口15

25　26　27　28　29　30

35

前パンツ　脇

36・37・38　39.5・40.5・41.5

31・32・33　34・35・36

3.5　5.5　3.5　2.5

5　ポケット口15

5.5　5・6　6.5　7・7.5

後ろパンツ　脇

6　2.5　4.5

1　○={S～L=4.5 / 13～17号=5.5

25　0.5　1

☆{4・4.5・5 / 5.5・6・6.5

40.5・41.5・42.5　44・45・46

27 型紙4面（ブラウス）

材料

天竺ニットプリント＝150cm幅で2.9m

伸びどめテープ
　＝1.5cm幅で40cm
　（パンツのポケット口分）

ゴムテープ＝2cm幅を
　S・M＝70cm、L・13＝80cm、
　15・17＝90cm

作り方要点

ブラウス●胸ダーツを縫い、肩を縫います。●ロールカラーは前、後ろを中表に合わせて、表・裏とも中縫いどまりまで縫います。表・裏を中表に二つ折りに折り直し、スリット部分を中縫いして表に返します。●身頃にロールカラーをつけ、袖をつけます。●袖下から脇をつづけて縫い、袖口、裾を始末します。

キュロットスカート●ポケット口を残して脇を縫い、ポケットを作ります。●前後の股上をそれぞれ縫い、左右の股下をつづけて縫います。●ウエストベルトはB線を使用し、左脇にゴムテープ通し口を残して縫います。●パンツ上端のタックをたたみ、ウエストベルトと縫い合わせます。●ゴム通しのステッチをかけ、ゴムテープを通します。●裾を三つ折りにしてステッチで押さえます。

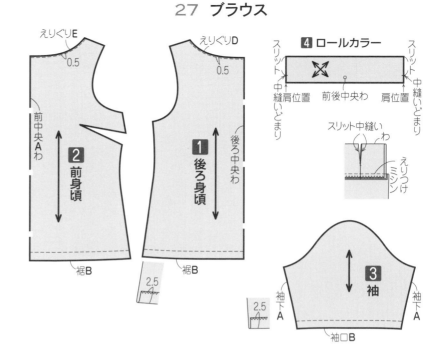

28 型紙 1・2・4 面

材料

ジャケットに綿天竺ニットプリント
　= 148cm 幅で 1.9m
ワンピースにふくれ織り綿ジャカード
　= 146cm 幅で 1.5m
接着芯 = 50×90cm
　（ワンピース・ジャケットの見返し分）
コンシールファスナー = 40cm を 1 本
かぎホック = 1 組

でき上がり寸法

ジャケット　着たけ 75cm
ワンピース　着たけ 103cm

28 ワンピース

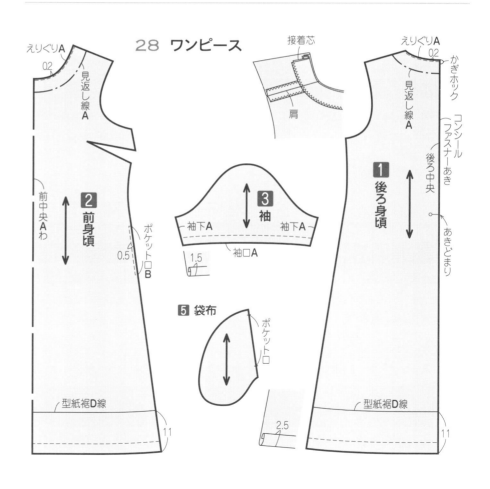

作り方要点

ジャケット ●前身頃の型紙は前中央線を前端とし、袖口B線から17cm延長して使用します。●後ろ見返しは型紙の後ろ中央を3.5cmにし、肩を前見返しの寸法と合わせて使用します。●身頃と見返しの肩をそれぞれ縫い、中表に合わせて前見返し裾からえりぐりを縫います。●袖下から脇をつづけて縫い、袖口、裾を始末します。

ワンピース ●胸ダーツを縫います。●後ろ中央をあきどまりから裾まで縫い、後ろあきにコンシールファスナーをつけます。●身頃と見返しの肩をそれぞれ縫い、中表に合わせてえりぐりを縫います。●ポケット口を残して脇を縫い、ポケットを作ります。●袖下を縫って身頃に袖をつけます。

28 ロングジャケット

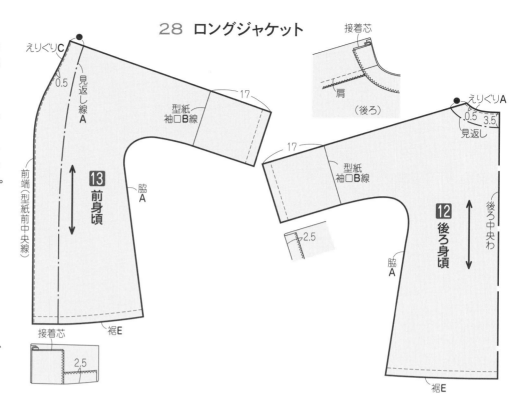

29 パンツの製図

★製図内の数字は、順にS・M・L・13・15・17サイズです

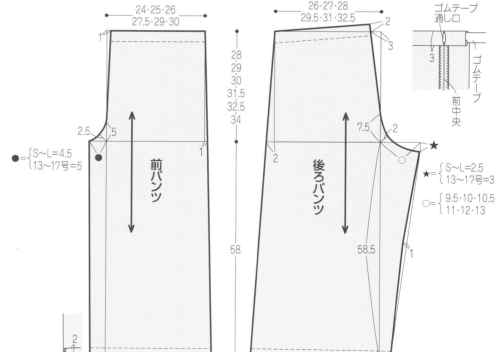

29 型紙1・2面
（オーバーブラウス）

● 材料と作り方要点、
ブラウスの製図は
76ページにあります

材 料

オーバーブラウスにラッセルレース
= 110cm幅で2.1m
パンツにフレンチリネンライク
= 145cm幅で2.1m
接着芯 = 70×20cm（見返し分）
ゴムテープ = 2cm幅を
　S・M = 70cm、L・13号 = 80cm、
　15・17号 = 90cm

でき上がり寸法

オーバーブラウス　着たけ74cm
ガウチョパンツ　たけ87cm

作り方要点

オーバーブラウス●身頃の型紙は裾B線から7cm延長し、袖の型紙は袖口B線から10cm延長して使用します。●身頃と見返しの肩をそれぞれ縫い、中表に合わせてえりぐりを縫います。見返しを表に返してステッチで押さえます。●身頃に袖をつけ、袖下から脇をつづけて縫います。●袖口、裾を三つ折りにしてステッチで押さえます。**パンツ●**指定寸法どおりに製図します。●脇、股下を縫い、前ウエストの縫い代にゴムテープ通し口を残して股上を縫います。●ウエスト、裾を仕上がりに折ってステッチで押さえます。●ウエストにゴムテープを通し、端は重ねて縫いとめます。

29　オーバーブラウス

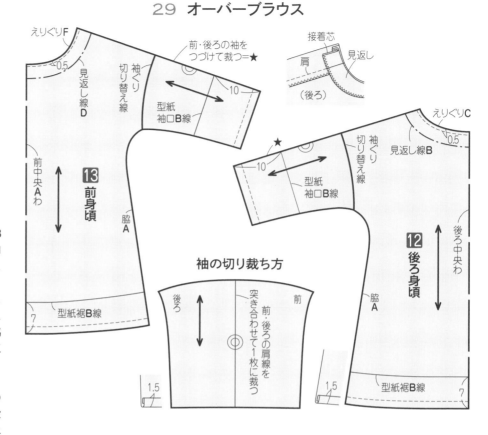

材 料

リネンサファリプリント = 106cm幅で3.7m
接着芯 = 60×110cm（見返し分）
ゴムテープ = 2cm幅を
　S・M = 70cm、L・LL = 80cm
ボタン = 1.5cmを5個

でき上がり寸法

ロングベスト　着たけ94.5cm
スカート　たけ72cm

30　型紙3面
（ロングベスト）

30　スカートの製図

★製図内の数字は順に
S・M・L・LLサイズです

作り方要点

ロングベスト●胸ダーツを縫い、前身頃にポケットをつけます。●身頃と見返しの肩をそれぞれ縫い、中表に合わせて前裾から前端、えりぐりを縫います。●袖ぐり見返しの肩、脇を縫います。身頃の脇をスリットどまりまで縫って、見返しと中表に合わせて袖ぐりを縫います。●見返しをそれぞれ表に返して仕上がりに整え、ステッチで押さえます。●スリット、裾を三つ折りにしてステッチで押さえます。

スカート●指定どおりの寸法で製図します。●左脇の縫い代にゴムテープ通し口を残して脇を縫います。●裾、ウエストを三つ折りにしてステッチで押さえます。

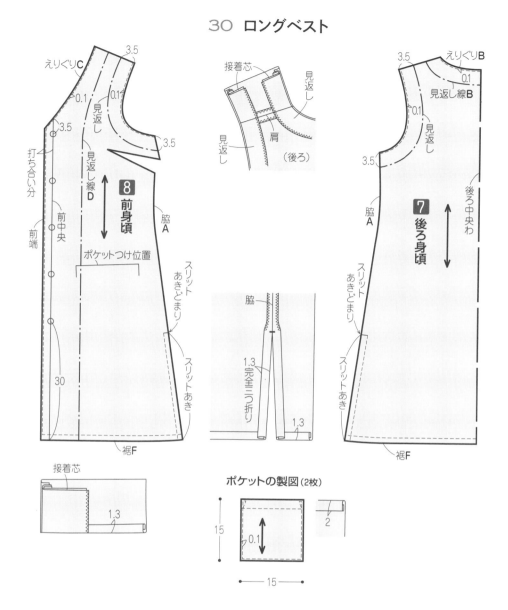

ポケットの製図(2枚)

● ウエストゴム通し口の縫い方

1 ウエスト上端の脇、または中央のいづれか1箇所の縫い代部分をゴム通し口として縫い残します。

2 ウエスト上端の縫い代を仕上がりに折り、ステッチで押さえます。

3 縫い残したゴム通し口からゴムを通します。※ゴムの長さは、ウエスト寸法の1割マイナスが目安。

4 ゴムの両端を重ね、しっかり縫いどめます。

実物大型紙のサイズ別 ヌード寸法の目安 （単位＝cm） ※ 作品のたけは身長160cmを目安に作っています

● S～LLサイズ

サイズ	バスト	ウエスト	ヒップ
S （7号）	80	62	88
M （9号）	84	66	92
L （11号）	88	72	96
LL （13号）	94	78	100

● 13・15・17号サイズ

サイズ	バスト	ウエスト	ヒップ
13 号	94	78	102
15 号	98	83	107
17 号	102	88	112

本誌の作品は、実物大型紙のそれぞれのパターンの「でき上がり寸法」がS・M・L・LL、13・15・17号などのサイズ別に表示してあります。自分のサイズがそれらのサイズでは合わない方は、型紙を切り開いたり、たたんだりして自分サイズに調節してください。また、部分的（ヒップが大きい、ウエストが細いなど）に修正したい方はサイズ違いの型紙を使って、部分的に型紙線を引き直す補正でよいでしょう。

パターンのサイズのかえ方
● 型紙を切り開く・たたむ・変更線を入れる

身頃

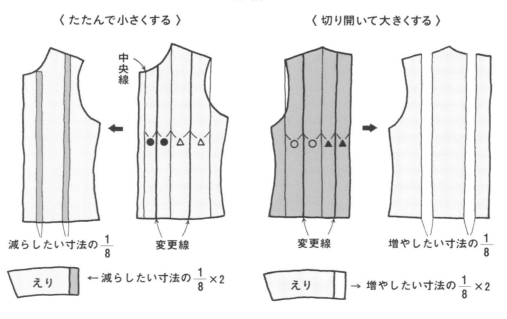

〈 たたんで小さくする 〉　　　〈 切り開いて大きくする 〉

中央線

減らしたい寸法の $\frac{1}{8}$　変更線

変更線　増やしたい寸法の $\frac{1}{8}$

えり　←減らしたい寸法の $\frac{1}{8}$×2

えり　→増やしたい寸法の $\frac{1}{8}$×2

切り開いてサイズを大きくしたい場合は、増やしたい寸法を8等分にし、その寸法を切り開く2本の変更線の間に加えて、えりぐり、肩、裾の型紙線をつながりよく引き直します。前身頃も同じ。えりぐり寸法が増えたので、えりの後ろ中央で8等分した寸法×2の寸法を加えて、引き直します。たたんでサイズを小さくしたい場合は同じ要領で、減らした寸法分をたたみます。

袖

〈 袖幅を広げる 〉

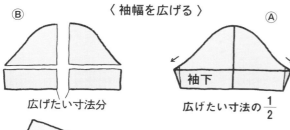

Ⓑ 広げたい寸法分

Ⓐ 袖下 広げたい寸法の$\frac{1}{2}$

身頃

袖幅を少し広げる場合は、Ⓐ広げたい寸法分を2等分し、袖下の両端に加えます。袖ぐり寸法が変わるので身頃の袖ぐりも、脇の袖下位置を下げて、袖ぐり寸法を合わせます。袖幅をかなり広げる場合は、Ⓑ変更線を入れて切り開きます。袖幅をせまくしたい場合は、同じ要領で、たたみます。

スカート

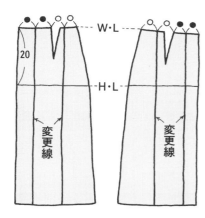

型紙にヒップラインと変更線を入れ、切り開いて大きくしたい場合は、増やしたい寸法を8等分し、その寸法分を2本の変更線の間に加えます。減らしたい場合は、同じ要領でたたみます。増やしたい寸法が少しなら、脇で出すだけでもよいでしょう。

〈 切り開いて大きくする 〉 〈 たたんで小さくする 〉

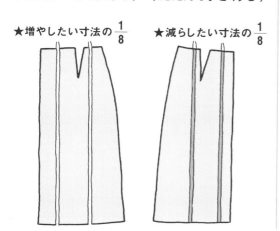

★増やしたい寸法の$\frac{1}{8}$ ★減らしたい寸法の$\frac{1}{8}$

● ヒップは大きくしても、ウエストは、それほど大きくしたくない場合

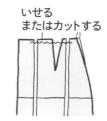

いせるまたはカットする

余分がウエスト回りで2cm弱なら、いせ込み、2cm以上なら、その分をウエスト脇でカット。またはダーツを1本増やします。

パンツ

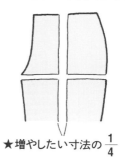

変更線　変更線

大きくしたい場合は、パンツ中央線で切り開き、増やしたい寸法を4等分にし、その寸法分を前・後ろパンツに加えます。増やしたい寸法分が大きいときは、股上寸法もヒップ線で切り開きます。サイズを小さくしたい場合は、同じ要領で、たたみます。

〈 切り開いて大きくする 〉

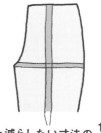

★増やしたい寸法の$\frac{1}{4}$

〈 たたんで小さくする 〉

★減らしたい寸法の$\frac{1}{4}$

● カバー
デザイン／柿沼みさと

● 本文
デザイン／柿沼みさと
撮影／関根明生　武内俊明
モデル／伽奈・菊地富子・寺田 椿・森下紀子

● 企画・編集
荷見弘子

● 編集担当
尾形和華（成美堂出版編集部）

★本書は、先に発行の「かんたんソーイング ミセス版」の中から、特に好評だった作品を再編集した一冊です。

縫いやすくて、着心地のいい ナチュラル素材の大人服

編　者　成美堂出版編集部

発行者　深見公子

発行所　成美堂出版
　　　　〒162-8445　東京都新宿区新小川町1-7
　　　　電話(03)5206-8151 FAX(03)5206-8159

印　刷　共同印刷株式会社